ŒUVRES

DE FLORIAN.

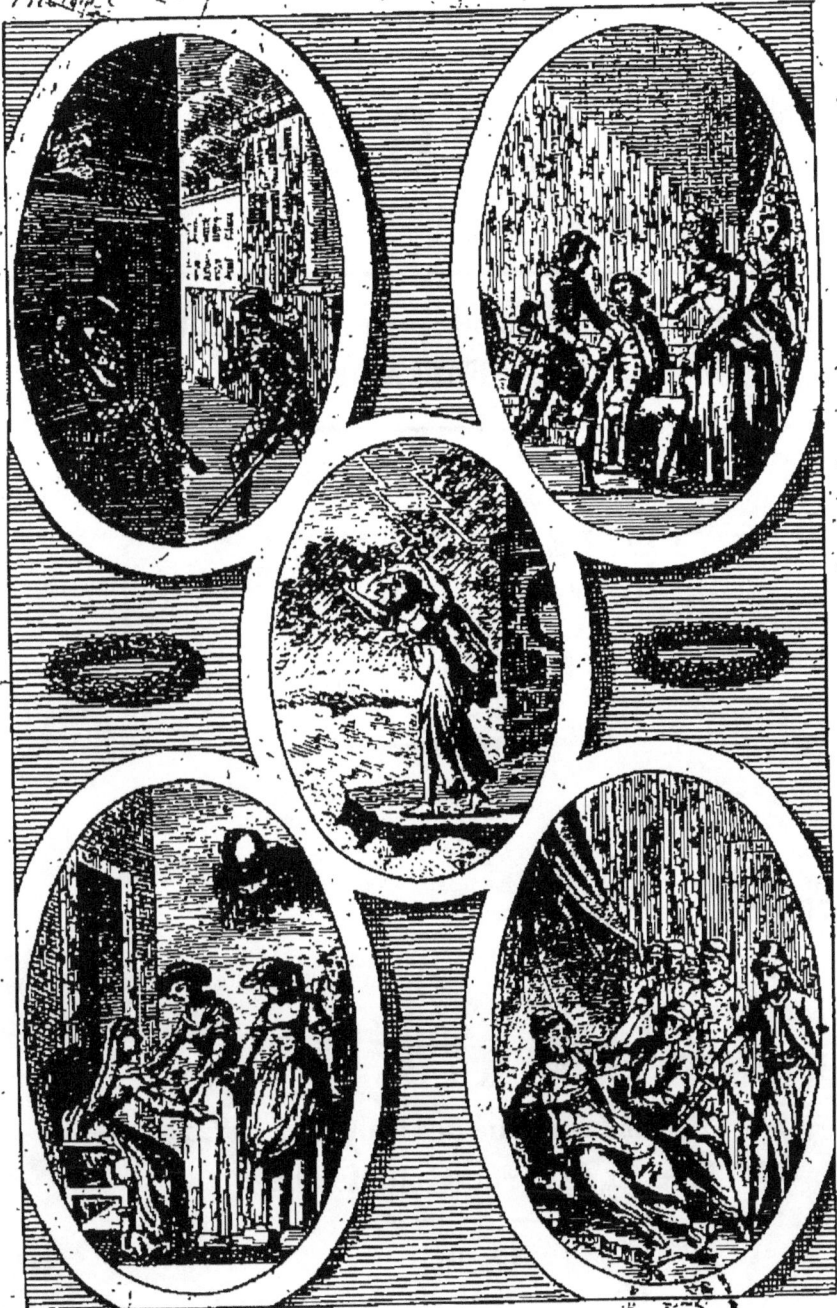

THÉATRE
DE FLORIAN.

C'est là tout mon talent ; je ne sais s'il suffit.
LA FONTAINE, V, 1.

TOME SECOND.

PARIS,

BRIAND, Libraire, rue des Poitevins, n°. 2,
au coin de la rue Hautefeuille.

1810.

JEANNOT ET COLIN,

COMÉDIE

EN TROIS ACTES ET EN PROSE,

Représentée pour la première fois sur le théâtre Italien, le 14 novembre 1780.

PERSONNAGES.

JEANNOT, marquis. — COLIN, bourgeois. — COLETTE, sœur de Colin. — LA MÈRE DE JEANNOT, marquise. — LA COMTESSE D'ORVILLE. — DURVAL, gouverneur du marquis. — L'ÉPINE, valet du marquis. — UN MAITRE-D'HÔTEL.

La scène est à Paris, dans la maison de la marquise.

ACTE I.

SCÈNE PREMIÈRE.

COLIN, COLETTE, L'ÉPINE.

L'ÉPINE.

Il est à peine jour chez madame la marquise ; attendez dans ce salon : je vous avertirai lorsque vous pourrez voir madame.

I

COL. Vous voudrez bien lui dire que ce sont deux personnes pour qui elle avait de l'amitié dans le temps qu'elle demeurait en Auvergne. Si elle vous demande leurs noms, vous direz que c'est Colin et Colette : elle s'en souviendra sûrement.

L'EP. Monsieur Colin et mademoiselle Colette qu'elle a connus en Auvergne ; cela suffit.

(Il sort.)

SCÈNE II.

COLIN, COLETTE.

COLET. Comme tout ceci est magnifique ! Jeannot ne nous reconnaîtra plus ; il est devenu trop riche pour se souvenir de ceux qui l'ont vu pauvre.

COL. Il serait donc bien changé, ma sœur, il était si bon, si sensible, lorsque nous habitions ensemble notre petite ville ! A peine y a-t-il un an qu'il nous a quittés : il faut plus d'un an pour corrompre un cœur honnête.

COLET. L'amour aurait dû préserver le sien : mais il ne m'aime plus, j'en suis bien

sûre. Te souviens-tu de la manière dont il
me quitta lorsque sa mère l'envoya chercher
en Auvergne ? Comme il fut enivré de sa
nouvelle fortune., et d'entendre ses domes-
tiques l'appeler monsieur le marquis ! Il nous
dit adieu presque sans pleurer; il monta dans
sa brillante voiture sans retourner la tête
vers moi, que tu soutenais à peine, et dont
les yeux le suivirent... même quand je ne le
vis plus. Mon frère, il a oublié la malheureuse Colette, il ne pense plus aux sermens
que nous nous sommes faits de n'être jamais
que l'un à l'autre; sermens qu'il a écrits,
que je conserve, et que je lui rendrai : ces
écritures-là perdent tout leur prix quand
on ne les lit plus ensemble.

SCÈNE III.

COLIN, COLETTE, L'ÉPINE.

L'ep. Madame la marquise s'habille ; elle
vous fait dire que si vous voulez la voir, vous
preniez la peine d'attendre.

Col. Nous attendrons. Monsieur le marquis son fils est-il chez-lui ?

L'ÉP. Non : il est sorti de grand matin.

COL. A quelle heure pourrions-nous le trouver ?

L'ÉP. Il n'est pas habillé ; ainsi revenez à une heure, vous pourrez peut-être lui parler.

COL. Nous reviendrons sûrement.

COLET. Monsieur, c'est un bien grand seigneur, que monsieur le marquis ?

L'ÉP. Sûrement, mademoiselle ; c'est mon maître. Sans vanité, c'est l'homme le plus aimable de Paris : toutes les jolies femmes se le disputent, et ne sont occupées que de lui plaire ; je ne doute pas qu'un de ces jours il ne fasse un très-grand mariage, et que....

COL. Vous voudrez bien nous avertir, lorsque nous pourrons voir madame.

L'ÉP. Oui, oui, soyez tranquilles.

(*Il sort.*)

SCÈNE IV.
COLIN, COLLETTE.

COL. Du courage ma sœur ! tu as voulu me suivre à Paris pour t'assurer par toi-même de l'infidélité de Jeannot : nous allons le voir, nous allons le juger ; s'il a cessé de

t'aimer, ton mépris pour lui doit te rendre
à toi-même et à la raison.

COLET. Ah! mon frère, si vous saviez
combien il en coûte pour mépriser celui
qu'on aime!

COL. Il m'en coûterait autant qu'à toi;
mon amitié pour Jeannot est aussi vive que
ton amour. Je ne me dissimule pas ses torts:
depuis six mois ses lettres sont devenues
plus rares et moins tendres; mais il est bien
jeune, il a été transporté tout d'un coup
d'une vie simple et paisible dans le tourbillon
du monde et de ses plaisirs; il peut s'être
laissé enivrer malgré lui; ne le jugeons pas
sans l'avoir vu. Plus nous l'aimons, plus
nous avons besoin de preuves pour cesser
de l'estimer.

COLET. Il est vrai qu'il sera toujours assez
temps de le haïr.

COL. Sa mère m'inquiète plus que lui; elle
ignore les engagemens de son fils avec toi;
et l'on dit que son immense fortune lui a
donné un orgueil insupportable.

COLET. Mais comprends-tu cette fortune
acquise en si peu de tems? A peine y a-t-il

quatre ans que la mère de Jeannot habitait
notre petite ville. Elle était alors une simple
bourgeoise bien moins riche que nous : mon
père ne trouvait pas son fils un assez bon
parti pour moi. Madame la marquise n'était
pas marquise alors ; et quand nous allions
la voir, elle ne nous faisait pas attendre.

COL. Que veux-tu Colette ! elle a fait
fortune. Il n'y a rien à répondre à ce mot-là.

COLET. Explique-moi ce que c'est que
faire fortune. Comment des gens qui n'ont
rien parviennent-ils à avoir quelque chose ?
Ils prennent donc à ceux qui en ont.

COL. Pas toujours. Ce matin j'ai vu quelqu'un de notre ville établi ici depuis long-
tems ; il m'a raconté comment la mère de
Jeannot avait acquis ses richesses. Tu te
souviens qu'elle fut obligée de venir à Paris
pour des affaires ; elle y trouva un de ses
parens, immensément riche, qui la prit en
amitié ; et la fit jouir de sa fortune : ce parent est mort il y a six mois, et lui a laissé
tout son bien.

COLET. Ce parent avait bien affaire de lui

laisser son bien ! Il est cause que j'ai perdu le mien.

Col. La voici.

SCÈNE V.

COLIN, COLETTE, LA MARQUISE.

La marq. Eh ! bonjour, mes enfans ; je ne m'attendais guère à votre visite. Par quel hasard êtes-vous à Paris ?

Col. Les affaires de mon commerce m'y ont appelé, madame ; ma sœur a voulu être du voyage. Nous sommes ici pour bien peu de temps ; mais nous n'en partirons point sans avoir vu notre bon ami Jean...monsieur le marquis.

La marq. *à part.* Son bon ami ! l'impertinent ! (*Haut.*) Mon fils est sorti, je crois.

Col. Oui, Madame ; on nous l'a dit : nous ne sommes pas fâchés que notre première visite soit pour vous toute seule.

La marq. Comment, Colin, tu me fais des complimens. Mais dis-moi ce que tu viens faire ici. Je m'en doute ; tu as compté sur ma protection : si je le peux, je te rendrai service. Et ton vieux père, comment se porte-t-il ?

COL. J'ai eu le malheur de le perdre, madame : je suis à présent à la tête de sa manufacture; et mes affaires vont assez bien pour que je ne sois venu chercher dans votre maison que le plaisir de vous voir.

LA MARQ. Tant mieux pour toi, mon enfant. Ta sœur a l'air bien triste. Paris ne la réjouit pas.

COLET. Non, madame : j'espère le quitter bientôt.

LA MARQ. Vous ferez bien ; cette ville-ci est dangéreuse à votre âge. Adieu : je ne me gêne pas avec vous, j'ai besoin d'être seule : nous causerons plus long-temps une autre fois.

(*Colin et Colette la saluent : elle leur fait un signe de tête.*)

COL. *à part.* Dieu veuille que son fils ne lui ressemble pas.

(*Ils sortent.*)

SCÈNE VI.

LA MARQUISE, *seule.*

L'IMPORTANCE de monsieur Colin et plaisante.... Holà, quelqu'un.

SCÈNE VII.

LA MARQUISE, L'ÉPINE.

LA MARQ. Allez savoir des nouvelles de
madame la comtesse d'Orville : vous lui de-
manderez si elle nous fera l'honneur de venir dîner avec nous ; vous lui direz que nous
serons seuls, pour pouvoir parler d'affaires.
Sachez auparavant si le gouverneur de mon
fils est ici.

L'ÉP. Le voilà, madame.

(*Il sort.*)

SCÈNE VIII.

LA MARQUISE, DURVAL.

LA MARQ. Je vous croyais sorti, monsieur
Durval.

DURV. Je n'ai pas voulu suivre monsieur
le marquis, de peur que madame n'eût besoin de moi pendant ce temps-là.

LA MARQ. J'ai toujours besoin de vos conseils, vous le savez bien : depuis que je vous
ai confié l'éducation de mon fils, je n'ai rien
fait sans votre avis, heureusement pour moi.

I.

Durv. Mon zèle et mon attachement m'ont tenu lieu de lumières.

La marq. J'ai un grand secret à vous confier. Je vais marier le Marquis... Vous savez combien je suis liée avec la comtesse d'Orville ; c'est une veuve, jeune, jolie, et d'une des premières maisons du royaume ; elle est cousine du ministre. Madame d'Orville, par amitié pour moi, et pour achever de liquider ses biens, épouse le marquis et lui apporte pour dot la promesse d'un régiment. J'ai conclu hier ce mariage. Vous ne pensez pas que mon fils y ait la moindre répugnance ?

Durv. Madame, je craindrais que le mot de mariage n'effrayât son goût trop vif pour l'indépendance et la dissipation : mais le plaisir d'être colonel l'emportera sur tout.

La marq. Je l'espère, monsieur Durval. Ce n'est pas la seule affaire qui m'occupe : Avez-vous été chez mon avocat ?

Durv. Oui, madame ; votre procès est sur le point d'être jugé : mais il m'a chargé de vous répéter que vous n'avez rien à craindre.

La marq. Je suis tranquille : quoique ce

procès soit important, je n'ai pas voulu en parler à madame d'Orville, par la certitude où je suis de le gagner.

DURV. Je reconnais bien là madame la marquise; son amitié prudente sait épargner des alarmes inutiles.

LA MARQ. Je suis bien aise que vous pensiez comme moi. Sans vous, monsieur Durval, je ne serais jamais sûre de rien. Voici mon fils, je vais lui faire part de tous mes projets.

SCÈNE IX.
LA MARQUISE, LE MARQUIS, DURVAL.

LE MARQ. Bonjour, ma mère, je viens d'acheter le plus joli cabriolet du monde: s'il m'était resté de l'argent, j'aurais pu avoir le plus beau cheval de Paris; mais les barbares n'ont pas voulu me faire crédit.

LA MARQ. Mon ami, j'ai à te parler d'affaires sérieuses.

LE MARQ., *riant.* Vous m'effrayez, ma mère,

LA MARQ. Serais-tu bien aise d'être colonel?

LE MARQ. Colonel! Ce serait le bonheur
de ma vie. J'aurais tant de plaisir à rejoindre mon régiment! Le manège, les manœu-
vres, tout cela doit être charmant. On passe
l'été dans une ville de guerre ; l'hiver, on
revient à Paris jouir des plaisirs de la
capitale : on a l'air de se reposer ; et l'on
s'est toujours diverti.

LA MARQ. Hé bien, tu connais la comtesse d'Orville ; j'ai arrêté ton mariage avec
elle. (*Le marquis rêve.*) Elle se charge de
t'avoir une compagnie de dragons dès aujourd'hui, et la promesse d'un régiment
aussitôt que tu auras l'âge. Voilà nos condi-
tions ; j'ai répondu de ton aveu.

DUR. Ah! quelle mère vous avez, monsieur le marquis!

LA MARQ. A quoi pensez-vous donc,
mon fils ?

LE MARQ. A tout ce que je vous dois, ma
mère : chaque événement heureux qui m'arrive est toujours un bienfait de vous. J'aurais désiré ne pas me marier encore.

LA MARQ. Mon ami, c'est à ce mariage
que tu devras ta fortune : le mérite n'est rien

sans protection. D'ailleurs, ma parole est donnée, tout est arrangé, et j'ai déjà commandé tes habits de noces.

SCENE X.
LE MARQUIS, LA MARQUISE, DURVAL, L'ÉPINE.

L'ÉP. Madame la comtesse d'Orville remercie madame ; elle aura l'honneur de venir diner avec elle aujourd'hui.

LA MARQ. C'est bon.

(*L'Épine sort.*)

SCENE XI.
LE MARQUIS, LA MARQUISE, DURVAL

LA MARQ. C'est pour diner avec toi, et pour causer de nos affaires : afin de n'être point dérangés, je vais faire fermer ma porte... A propos, j'oubliais de te parler d'une visite que je viens d'avoir ; et que tu auras sûrement.

LE MARQ. Qui donc ?

LA MARQ. Devine.

LE MARQ. Comment voulez-vous que je

devine ? ce ne sont pas encore les officiers
du régiment que j'aurai ?

LA MARQ. Non : c'est Colin et Colette.

LE MARQ. *ému*. Colette.

LA MARQ. Oui, Colin et Colette d'Auvergne, cette petite Colette dont tu me parlais
tant dans les commencemens de ton séjour ici.

LE MARQ. Ils sont à Paris ?

LA MARQ. Eh oui, je les ai vus. Quel air
as-tu donc ? Cela t'attriste ?

LE MARQ. Non, ma mère. Vous ont-ils
parlé de moi ?

LA MARQ. Beaucoup : ils t'appellent leur
cher ami.

DURV. Oserai-je demander à madame la
marquise, ce que c'est que ce Colin et cette
Colette ?

LA MARQ. Colin est un petit bourgeois qui
venait profiter des maîtres de mon fils lorsque nous habitions l'Auvergne... Mais madame d'Orville arrrivera de bonne heure ; il
est temps de vous habiller, mon fils : je vous
laisse. Monsieur Durval, voulez-vous me
rendre un service ? J'ai des papiers intéres-
sans que mon procureur devait venir pren-

dre : allez le voir, je vous en prie ; vous les lui porterez. Je vous demande pardon si....

DURV. Madame, en m'employant pour vous, c'est m'obliger à la reconnaissance.

(*Ils sortent.*)

SCENE XII.

LE MARQUIS, *seul.*

COLETTE est ici ! je vais la revoir, Colette que j'ai tant aimée.... qui m'aime encore, j'en suis sûr ! Et dans quel moment revient-elle ! Je ne la verrai point, je ne pourrais soutenir ses reproches ; tout mon amour renaîtrait peut-être, et je serais le plus malheureux des hommes.... Que dirait ma mère, ma mère à qui je dois tout ?.... Je la ferais mourir de douleur. Non, Colette, non, je ne vous verrai point : l'émotion que votre nom seul m'a causée me fait trop sentir qu'il ne faut pas vous revoir.

SCENE XIII.

LE MARQUIS, L'ÉPINE.

L'EP. Monsieur le marquis veut-il s'habiller ?

LE MARQ. Ecoute l'Epine : as-tu vu ce jeune homme qui est venu ce matin avec sa sœur ?

L'ÉP. Qui ? monsieur Colin et mademoiselle Colette ?

LE MARQ. Tu leur a parlé ?

L'ÉP. Oui : monsieur Colin m'a demandé quand il pourrait vous voir ; je lui ai dit de revenir à une heure.

LE MARQ. Vous avez mal fait. S'ils reviennent l'Epine, tu leur diras que je n'y.... Ah ! que cette visite m'inquiète et m'embarrasse !

L'ÉP. Que faudra-t-il leur dire ?

LE MARQ. C'est Colin qui m'a demandé ? Elle n'a rien dit, elle ?

L'ÉP. Qui ? sa sœur ?

LE MARQ. Hé oui.

L'ÉP. Oh, non, elle était si triste ! Elle m'a seulement demandé si vous étiez un grand seigneur. Je crois, monsieur, que cette fille-là vient implorer votre protection pour quelque malheur qui lui est arrivé ; car en sortant elle était en larmes.

LE MARQ. Elle était en larmes ?

L'ÉP. Oui, cela m'a fait peine : elle a un petit air si doux, si intéressant ! vous ferez bien de lui rendre service, si vous le pouvez.

LE MARQ. Ah ! ciel !

L'ÉP. Qu'avez-vous donc, monsieur ? Je ne vous ai jamais vu si agité.

LE MARQ. Mon pauvre l'Épine, si tu savais combien je crains de la revoir !

L'ÉP. Qui, mademoiselle Colette ? Ah ! je commence à comprendre; c'est une vieille connaissance que vous voudriez ne plus reconnaître. Hé bien ! monsieur, rien n'est si aisé, quand elle reviendra, je lui dirai que vous êtes sorti.

LE MARQ. Non, il serait affreux de me cacher. Je la verrai, je lui parlerai; elle sentira bien qu'il m'est impossible de désobéir à ma mère. Oui, mon ami, j'ai adoré Colette, je lui ai promis de l'épouser : mais Colette est une simple bourgeoise ; juge si ma mère consentirait jamais...

L'ÉP. Madame votre mère ! Elle aimerait mieux vous voir mourir que de vous voir déroger. Mais écoutez, monsieur; je crois qu'il y aurait manière de s'arranger. J'ai une mo-

rale qui m'a toujours tiré de par-tout : rai-
sonnons. On ne risque jamais de mal faire
en remplissant tous ses devoirs. D'après cela,
n'épousez point mademoiselle Colette, parce
que ce serait manquer à ce qu'un fils doit à
sa mère : ensuite, pour réparer vos torts en-
vers mademoiselle Colette, faites-lui partager votre fortune, donnez-lui une bonne
maison ; en un mot...

LE MARQ. Taisez-vous. Je vous chasse-
rais tout à l'heure, si vous connaissiez
Colette.

L'EP. Monsieur, je ne dis plus le mot ;
mais quand mademoiselle Colette viendra,
que lui dirai-je ?

LE MARQ. Je n'en sais rien ; venez
m'habiller.

FIN DU PREMIER ACTE.

ACTE II.

SCÈNE PREMIÈRE.

LE MARQUIS, *seul, sa montre à la main.*

Il est près d'une heure ; Colette ne tardera pas. Chaque minute qui s'écoule augmente mon incertitude. L'Épine....

SCÈNE II.

LE MARQUIS, L'ÉPINE.

L'ÉP. *dans la coulisse* Monsieur.

LE MARQ. Eh ! venez donc.

L'ÉP. *paraissant.* Me voilà, monsieur.

LE MARQ. Elle va venir.

L'ÉP. Oui, monsieur.

LE MARQ. Je ne veux pas la voir : je me perdais, j'en suis sûr.

L'ÉP. Hé bien, monsieur, restez dans votre appartement ; je la recevrai, moi, je m'en charge.

LE MARQ. *à part.* Me cacher pour ne pas

la voir ! elle à qui j'ai juré tant de fois de l'aimer toute ma vie.

L'ÉP. Oh! si l'on se mettait sur le pied de tenir toutes ces promesses—là , qui diable pourrait y suffire ?

LE MARQ. *à part.* Et Colin, le bon Colin, qui m'aimait tant , qui m'appelait son frère , qui me serra dans ses bras lorsque je le quittai.... voilà l'indigne réception que je lui prépare !

L'ÉP. Monsieur.

LE MARQ. Eh bien !

L'ÉP. J'entends du bruit ; sauvez-vous : les voilà ; sauvez-vous donc.

LE MARQ. Il n'est plus tems : que devenir ?

(*Colin et Colette paraissent.*)

SCENE III.

LE MARQUIS, COLIN, COLETTE, L'ÉPINE.

(*Colin entre le premier ; Colette le suit, les yeux baissés ; le marquis va à Colin, sans oser regarder Colette.*)

LE MARQ. Ah! c'est vous, mon cher Colin!

COL. Oui, c'est Colin. Etes-vous aussi celui que nous venons chercher ?

LE MARQ. *les yeux baissés.* Mon cœur est toujours le même.

COL. Nous le désirons bien. Mais faites retirer ce domestique : à présent que vous êtes grand seigneur, nous n'oserons plus vous aimer devant le monde.

LE MARQ. *à l'Epine.* Sortez.

SCÈNE IV.

LE MARQUIS, COLIN, COLETTE.

(Il se fait un moment de silence.

LE MARQ. *très-embarrassé.* Ma mère avait oublié ce matin de s'informer de votre demeure ; j'en ai été bien fâché.

COL. *l'examinant.* Puisque nous savions la vôtre, vous étiez sûr de nous voir.

LE MARQ. Ah ! je vous vois trop tard.

COLET. Plût au ciel ne l'avoir jamais vu,

(Il se fait encore un silence.)

COL. Vous ne reconnaissez pas ma sœur ?

LE MARQ. Je suis le plus malheureux des hommes : je dépends de ma mère, ma fortune est son ouvrage ; je lui dois tout, je lui

dois même le sacrifice de mon bonheur. Ne
me haïssez pas... Ne me méprisez pas... Si
vous saviez...

COL. Vous me faites pitié : croyez-moi,
terminons un entretien pénible pour tous :
vous craignez de nous reconnaître ; et nous
ne vous reconnaissons plus. Adieu. (*Ils
s'en vont.*)

LE MARQ. Arrêtez, je vous supplie.

COLET. *retenant Colin.* Mon frère, il
veut vous parler.

LE MARQ. Ayez pitié de moi, Colette ; ne
m'accablez pas de votre mépris. Oui, je sens
bien que je l'ai mérité : la fortune, l'ambition m'ont aveuglé. J'ai manqué à l'amour,
à l'amitié, j'ai désiré de vous oublier, j'ai
voulu vous arracher de mon cœur; je le sais,
je sais que je n'ai point d'excuse. Mais je me
suis vu dans un nouveau monde, j'ai cédé
au torrent qui m'entraînait, à l'ascendant
que ma mère a sur moi ; elle n'était occupée
que d'éloigner tout ce qui pouvait rappeler
notre ancienne pauvreté ; elle me défendit
de penser à vous.

COLET. Lorsque autrefois vous étiez

pauvre, et que je l'étais moins que vous, mon père me défendit aussi de vous aimer : vous savez comment je lui obéis.

LE MARQ. Ah! croyez que votre image n'a pas quitté mon cœur. Dès que j'ai entendu prononcer votre nom, tout mon amour s'est réveillé ; votre présence achève de me rendre à moi-même. En vous parlant, en vous regardant, je redeviens tel, que vous m'avez vu : chaque coup d'œil que vous jetez sur moi me rend une vertu que j'avais perdue ; et, dès que vous ouvrez la bouche, mon cœur palpite, comme autrefois quand vous étiez fachée contre moi, et que j'attendais mon pardon.

COLET. Qu'osez-vous rappeler ?

LE MARQ. Nos sermens, notre amour; cet amour si tendre, si vrai, qui nous enflamma dès l'enfance, sans lequel nous ne fîmes jamais un seul projet de bonheur. Souvenez-vous, Colette, de nos premières années, souvenez-vous que les premiers mots que nous avons prononcés ont été la promesse de nous aimer toujours.

COLET. Hélas! qui de nous deux y a manqué?

LE MARQ. Ce serait vous, Colette, si
vous m'abandonniez à présent, puisque je
vous aime, puisque je vous chéris plus que
jamais. Le voudriez-vous? Parlez. Auriez-
vous la force de me dire : Jeannot, je ne
vous aime plus?

COLET. Ah! ces deux mots-là ne peuvent
pas aller ensemble.

LE MARQ. *à Colin.* Elle s'attendrit, mon
ami; demande-lui pardon pour moi.

(*Il se jette dans les bras de Colin.*)

COL. *ému.* Ma sœur, il vient de m'embrasser comme il m'embrassait autrefois.

LE MARQ. Colette! mon ami! je suis encore digne de vous; je le sens aux trans-
ports de mon cœur. Ah! le don d'aimer
est un présent que le ciel ne fait qu'une fois.
J'ai si souvent regretté les jours tranquilles
que nous passions ensemble! j'ai si bien
éprouvé que le bonheur n'est que dans
l'amour et dans l'obscurité!

COL. Mon ami, il ne tient qu'à toi d'en
jouir encore. Reviens chez nous, tu trouve-
ras assez de malheureux pour bien placer ton
argent, tu feras du bien; nous t'aimerons :

ce

ce sera jouir à la fois du bonheur des pauvres
et des riches.

LE MARQ. Plût au ciel que ma mère t'en-
tendît avec l'émotion que tu me causes !
Mais ma mère n'est occupée que d'ambition ;
elle est bien malheureuse ; elle ne songe jamais à ce qu'elle a , et toujours à ce qu'ont
les autres. J'espère cependant la fléchir ; je
lui montrerai cette promesse de mariage que
nous prenions plaisir à renouveler tous les
jours. Vous devez l'avoir, Colette.

COLET. Je ne l'ai pas perdue : mais, depuis quelque temps, je n'osais plus la lire ; il
me semblait qu'elle me disait du mal de
vous.

LE MARQ. Mon frère, mon amie , je
vous jure de nouveau, sur tout ce que
j'aime , que je tiendrai ma parole. Je vais
me jeter aux genoux de ma mère : je vais lui
déclarer que j'en mourrai si je ne suis pas
votre époux, et que toute autre femme....

SCENE V.

COLIN, COLETTE, LE MARQUIS, LA MARQUISE.

LA MARQ. Mon fils, on vient d'apporter vos habits de nôces.

COLET. O ciel!

LE MARQ. Gardez-vous de croire...

COLET. Vous me trompiez...

LE MARQ. Le ciel m'est témoin.

LA MARQ. Qu'avez-vous donc, mon fils, et que signifient tant de secrets avec mademoiselle Colette? Ce n'est point la veille d'un mariage que l'on reçoit de pareilles visites. Et vous monsieur Colin et mademoiselle Colette, vous venez obséder mon fils : il n'a pas le temps de s'occuper de vous; je vous prie de le laisser en repos.

COL. Oui, madame, nous allons le laisser, soyez-en bien sûre. Viens, ma sœur, viens avec ton frère; puisse-t-il te tenir lieu de tout !   (*Ils sortent.*)

LE MARQ. *court après eux.* Non, demeurez; je vous en conjure.

COL. Vous auriez trop à rougir.

SCENE VI.

LE MARQUIS, LA MARQUISE.

LE MARQ. Ma mère, je vous respecte,
je vous honore ; mais vous me percez le
cœur, mais vous vous dégradez vous même.
Eh ! de quel droit osez-vous mépriser mes
amis, mes égaux, les vôtres ? Quels sont
vos titres, ma mère ? leur naissance vaut
la mienne, et leur cœur vaut mieux que le
mien.

LA MARQ. Est-ce vous qui parlez, mon
fils ? Est-ce bien vous qui osez.. .?

LE MAR Oui, ma mère, j'ose vous dire
que vos richesses ne sont rien, et que je les
abhorre si elles donnent le droit d'être
ingrat.

LA MARQ. Je t'entends : le voilà ce mystère
que je craignais de découvrir. Que vous étiez
bien né pour l'état vil d'où ma tendresse
vous a tiré ! vous en avez toute la bassesse.
Vous aimez Colette, j'en suis sûre ; vous
rougissez de me le dire : mais ...

LE MAR. Non, ma mère, non, je n'en
rougis pas. J'aime Colette ; je fais gloire de

l'avouer ; mon amour pour elle est presque
aussi ancien dans mon cœur que ma tendresse pour vous. C'est en vain que j'ai
voulu l'éteindre ; grâce au ciel, le peu de
vertu qui me reste l'a emporté sur mon
orgueil. J'ai promis à Colette de l'épouser,
je tiendrai ma parole, mon honneur, ma
félicité, en dépendent : je préfère Colette,
pauvre, simple et honnête, à toutes vos
femmes, dont la richesse est la seule
qualité.

LA MAR. Où en sommes-nous, grand
dieu ? Vous l'époux de Colette ! Vous....

SCÈNE VII.

LA MARQUISE, LE MARQUIS, DURVAL.

DUR. Votre procureur était au palais,
madame, et j'ai.

LA MAR. Ah ! monsieur Durval, venez
à mon secours ; venez entendre ce qu'il
ose me dire ; il veut épouser cette Colette
dont je vous ai parlé ; il veut faire le malheur et la honte de ma vie.

Dur. Monsieur le marquis, songez donc à ce que vous êtes ; songez....

Le mar. Songez vous-même à ne pas vous mêler des affaires de mon cœur : depuis que je vous connais, il n'a jamais eu rien de commun avec vous.

La mar. C'en est trop, ingrat : voilà donc le prix de tout ce que j'ai fait ! je n'ai vécu que pour toi, j'ai tout sacrifié pour toi; et, au moment où ta fortune allait me payer de tant de sacrifices, tu veux m'avilir, te dégrader, manquer à ta parole, à celle que j'ai donnée à madame d'Orville.

Le mar. Eh! ma mère, dois-je la tromper? Dois-je l'épouser quand j'en aime une autre? Elle va venir, je veux la prendre pour juge! je veux lui déclarer ma passion pour Colette.

La mar. Cruel enfant! voilà le premier chagrin que tu me donnes, il est violent; tu aurais dû y accoutumer mon cœur. Ecoute-moi, daigne écouter ta mère; elle a peut-être le droit de te supplier. Je te demande, je te conjure de ne parler de rien à madame d'Orville; je t'accorderai du temps pour te décider à l'épouser ; mais ne va pas éloigner de moi la plus chère et la plus tendre des amies. Mon fils j'attends cette bonté de toi. (*à part*) Si j'étais assez heureuse pour qu'elle ne vînt pas....

SCÈNE VIII.

LA MARQUISE, LE MARQUIS, DURVAL, L'ÉPINE.

L'ÉP. Madame la comtesse d'Orville.

SCÈNE IX.

LE MARQUIS, LA MARQUISE, LA COMTESSE, DURVAL.

LA MAR., *à part.* O ciel ! (*haut*) Eh ! bonjour, madame ; nous commencions à craindre de ne pas vous avoir : mon fils allait courir chez vous.

LA COM. Comment supposiez-vous que je manquerais à mon engagement ? Je me sais pourtant gré d'arriver tard, puisque j'ai donné un peu d'inquiétude à monsieur le marquis.

LE MAR. Madame...

LA MARQ. Vous êtes-vous promenée aujourd'hui ?

LA COM. Non, je sors de chez moi.

LA MAR. (*à demi-voix.*) Mon fils a passé sa matinée aux Tuilleries, espérant vous y trouver.

LE MAR. Je suis trop vrai...

LA MARQ. J'espère que nous dînerons bientôt. Monsieur Durval, voulez-vous bien dire que l'on nous serve ?

(*Durval sort.*)

SCÈNE X.
LE MARQUIS, LA MARQUISE,
LA COMTESSE.

LA MARQ. *à la comtesse.* Vous serez seule avec nous.

LA COMT. J'y serai moins seule que partout ailleurs. Si vous saviez combien je suis lassé de ce grand monde où l'on court toujours après le plaisir, sans jamais trouver le bonheur !

LE MARQ. Et comment le trouver, madame, si l'on ne prend pas son cœur pour guide ?

LA COMT. Vous avez raison, monsieur le marquis. Mais qu'avez-vous donc aujourd'hui ? Je vous trouve l'air inquiet.

LA MARQ. Pardonnez-lui : il est entièrement occupé de sa reconnaissance et du désir de vous plaire.

LA COMT. Il est un sûr moyen de plaire ; c'est de savoir aimer.

LE MARQ. Ah ! madame, cela s'apprend bien vite ; et la première leçon ne s'oublie jamais.

LA MARQ. *à la comtesse.* Voilà ce qu'il m'a dit la première fois qu'il vous a vue.

SCÈNE XI.
LES MÊMES, LE MAITRE-D'HOTEL.

LE MAITRE-D'HOTEL. Madame la marquise est servie.

LA MARQ. Allons nous mettre à table ; ensuite j'aurai bien des choses à vous dire.

FIN DU SECOND ACTE.

ACTE III.

SCÈNE PREMIÈRE.

LA COMTESSE, DURVAL.

LA COMT. Qu'est-ce donc, monsieur Durval, que cet homme de loi qui vient de demander la marquise et son fils ? Aurait-elle un procès ?

DURV. Non, madame; c'est une discussion fort peu intéressante, une affaire de rien : soyez sûre que madame la marquise n'est occupée dans ce moment que du bonheur de vous avoir pour sa fille.

LA COMT. J'espère que ce mariage fera ma félicité. Cependant je suis bien mécontente du marquis : lui que j'ai toujours vu d'une gaîté charmante, il est d'un sérieux qui me glace; il a l'air de m'épouser malgré lui. Je vous assure que, sans mon extrême amitié pour sa mère, je retirerais ma parole.

DURV. Il faut pardonner à son âge une timidité que vous prenez pour de la froideur. Son respect pour vous gêne ses sentimens;

il n'ose pas encore vous dire qu'il vous aime, et il est distrait par le plaisir de le penser.

LA COMT. J'ai bien peur, monsieur Durval, que vous n'ayez besoin de tout votre esprit pour le défendre.

SCÈNE II.

LA COMTESSE, LE MARQUIS, LA MARQUISE, DURVAL.

LE MARQ. Non, ma mère, non; je ne puis me taire.

LA MAR. Mais, mon fils, arrêtez; tout n'est pas perdu.

LE MAR. Tout le serait, si j'étais assez vil pour cacher notre malheur. (*A la comtesse.*) Madame, ma mère avait un procès d'où dépendait toute sa fortune : il vient d'être jugé ; et nous l'avons perdu.

DURV. Ah, ciel !

LA COMT. Comment! toute votre fortune?

LE MAR. Il ne nous reste rien au monde que des dettes.

LA MAR. Le malheur n'est pas si grand qu'il vous le dit. Si vous êtes assez notre amie

pour nous obtenir l'appui de votre famille,
il est impossible....

LA COMT. Vous ne doutez sûrement pas,
madame, du vif intérêt que vous m'inspirez;
mais un procès n'est pas une affaire de faveur;
personne n'est assez puissant pour en imposer
aux lois. D'ailleurs, à mon âge et dans ma
position, je ne peux guère solliciter pour
monsieur le marquis; on interpréterait mal...

LA MAR. L'amitié et les engagemens qui
nous lient sont des titres plus que suffisans.

LA COMT. Je voudrais de tout mon cœur
vous être utile ; mais nos engagemens sont
au moins reculés. Je ne me plaindrai point
du mystère que vous m'avez fait. Je vois
avec douleur que je ne peux vous être bonne
à rien, et que dans un moment aussi cruel
vous avez besoin de solitude.

(*Elle lui fait une grande révérence, et sort.*)

SCÈNE III.

LE MARQUIS, LA MARQUISE, DURVAL.

LA MAR. Est-ce bien elle ! elle qui me
jurait hier encore une éternelle amitié, qui

voulait tout quitter, tout abandonner pour vivre avec moi, pour devenir ma fille ! Ah ! monsieur Durval, n'en êtes-vous pas indigné ?

DUR. Comment, madame, en perdant ce procès, vous perdez toute votre fortune?

LA MAR. Hélas ! je n'avais d'autre bien que cette succession : je ne crains pas de vous ouvrir mon cœur, vous êtes le seul ami qui me reste.

DUR. *à part.* Ce procès me ruine aussi.

LA MAR. Donnez-moi vos conseils.

DURV. Il n'y en a plus quand on est sans ressource. D'ailleurs, je suis aussi à plaindre que vous; je ne dois plus compter sur les promesses que vous m'avez faites ; j'ai perdu mon temps dans votre maison.

LE MAR. Hâtez-vous donc d'en sortir, monsieur, puisque notre fortune était le seul lien qui vous attachait à nous.

DUR. Mais...

LE MAR. Ne cherchez point de vaines excuses, nous ne valons plus la peine que vous vous déguisiez.

(*Durval sort.*)

SCÈNE IV.

LE MARQUIS, LA MARQUISE.

Le mar. Hé bien, ma mère, les voilà ces amis sur lesquels vous osiez compter ! vous voyez....

SCÈNE V.

LE MARQUIS, LA MARQUISE, L'ÉPINE.

L'ep. Monsieur le marquis m'excusera bien si je prends la liberté de lui demander si ce que l'on dit est vrai.

Le mar. Quoi ?

L'ep. Monsieur, c'est votre procès : on assure qu'il est perdu, et que monsieur le marquis est ruiné.

Le mar. Ce n'est que trop vrai ; laissez-nous.

L'ep. *à part.* Oh, c'est bien mon projet. (*Haut.*) Mais, monsieur...

Le mar. Hé bien ?

L'ep. Monsieur le marquis ne gardera peut-être pas de domestique ; et je sais une maison où je pourrais entrer ; voilà pourquoi

3

si c'était un effet de votre bonté de me mettre à la porte en me payant, je vous serais fort obligé.

LE MAR. L'Épine, ce soir vous serez payé, et libre d'aller où vous voudrez : sortez.

L'EP. Oh, je ne suis pas inquiet, monsieur, mais...

LE MAR. Mais jusque-là je suis votre maître, sortez, ne me le faites pas répéter.

L'EP. *s'en allant.* Il faut qu'il ait encore de l'argent, car il est fier.

SCÈNE VI.
LE MARQUIS, LA MARQUISE.

LE MAR. Du courage, ma mère ! la bassesse de ceux que vous avez cru vos amis doit vous consoler. Puisqu'ils n'aimaient que vos richesses, ce sont eux qui les ont perdues ; et nous y gagnerons le bonheur de vivre pour nous. Cependant ne négligeons aucun des moyens qui nous restent : vous avez d'autres amis ; Darmont m'a toujours paru vous être véritablement attaché.

LA MAR. Oui, mon fils ; j'ai été assez

heureuse pour lui rendre de grands ser-
vices, je vais mettre sa reconnaissance à
l'épreuve.

(Elle sort.)

SCÈNE VII.

LE MARQUIS, <i>seul.</i>

Moi je vole chez Colin; c'est à lui que
je veux tout devoir. Mais Colette, Colette
qui croit que je l'ai trompée, qui s'est retirée
sans vouloir m'entendre, ne pensera-t-elle
pas que c'est l'indigence qui me ramène à
ses pieds? Ce doute est affreux et me
retient malgré moi. Que je suis malheureux!
Je n'oserai plus lui dire que je l'aime.... O
ciel! voilà Colin, comment oser lui parler?

SCÈNE VIII.

LE MARQUIS, COLIN, <i>un papier à
la main.</i>

Col. Vous ne comptiez plus me revoir;
rassurez-vous, c'est la dernière fois. Je ne
viens point troubler les apprêts de votre mariage, je ne viens point vous reprocher
votre fortune et votre bonheur. J'ai voulu

rendre moi-même cette promesse que ma sœur eut la faiblesse d'accepter ; j'ai voulu briser de ma main tous les liens qui nous attachaient l'un à l'autre ; vous êtes libre et vous serez heureux ; je vous estime assez peu pour en être sûr.

LE MAR., *à part.* Quel langage ! et je l'ai mérité !

COL. Vous craignez de rougir en reprenant ce papier ? Vous n'avez pourtant pas rougi lorsqu'avec un air de franchise et de tendresse, ici, à cette même place, vous nous demandiez pardon ; vous parliez à ma sœur de mariage et d'amour, tandis que vous aviez tout conclu pour en épouser une autre demain : Allez ; l'homme capable d'une ruse aussi indigne, doit tirer vanité de n'être ému de rien ; osez me regarder ; c'est à moi de rougir.

LE MAR. *après une pause.* Oui, vous avez raison. J'ai pu vous cacher un mariage... qui ne se serait pas fait ; il est juste que j'en sois puni. Rendez-moi cette promesse : (*il la prend.*) c'est le seul bien qui me reste : mais j'en suis indigne, il faut y renoncer.

(*Il la déchire.*) Allez, abandonnez un malheureux qui ne mérite que votre mépris. Mais hâtez-vous de l'abandonner : si vous saviez combien il est à plaindre, peut-être...

COL. Vous, à plaindre ! Et tout succède à vos vœux. Vous épousez, dit-on, une femme de qualité dont le crédit doit vous porter au comble des honneurs ; vous jouissez d'une fortune immense; votre mère vous idolâtre ; tout ce qui vous entoure n'est occupé que de vous plaire ; rien ne peut altérer tant de bonheur. Le seul souvenir d'un ami et d'une maîtresse que vous avez trompés pourrait vous importuner dans vos plaisirs, mais vous n'entendrez jamais parler d'eux ; et, dans la classe où vous allez monter, on oublie aisément les malheureux qu'on a faits.

LE MAR. C'en est trop, Colin ; respectez mon malheur : apprenez...

SCÈNE IX.

LE MARQUIS, COLIN, COLETTE.

COLET. *accourant.* Ah ! mon frère, ils ont

perdu tous leurs biens ; vous l'ignorez, et j'accours pour vous empêcher d'insulter à leur infortune.

COL. Comment, ma sœur ? expliquez-vous.

COLET. Leur malheur est déjà public : un procès les a dépouillés de toutes leurs richesses ; ils sont réduits à la plus affreuse indigence.

LE MAR. Oui ; et je regrette peu tout ce que j'ai perdu : mon plus grand malheur, celui qui me touche le plus, c'est que vous me croyiez coupable ; et j'ai trop d'intérêt à vous paraître innocent pour que j'ose me justifier.

COLET. Vous justifier ! croyez-moi, épargnez-vous ce soin, on ne trompe qu'une fois celle qui ne méritait pas d'être trompée.

Mais vous êtes malheureux ; je viens supplier mon frère de vous secourir. Oui, mon frère, il n'a offensé que moi ; il n'a manqué qu'à l'amour ; l'amitié doit l'ignorer. Tu serais cent fois plus coupable que lui, si tu l'abandonnais ; car il me restait mon frère, et que lui restera-t-il ? Sa maison est déjà

déserte ; tout le monde le fuit. Mon frère,
tu seras son appui, tu le tireras de l'infortune, et mon cœur te paiera de ses bienfaits, en ajoutant à ma tendresse pour toi
toute celle que j'avais pour lui.

LE MAR. Colette, vous déchirez mon cœur
et vous l'enflammez. Non ; je ne vous ai pas
trompée ; dès l'instant où je vous ai vue,
j'étais résolu de rompre ce mariage. Si je
vous l'ai caché, c'était pour ne pas paraître
si coupable, c'était pour ne pas vous affliger.

COLET. Si vous aviez jamais aimé, vous
sauriez que la plus affreuse nouvelle n'afflige
pas autant que le plus léger manque de confiance.

LE MAR. Hé bien ! Colette, décidez de
mon sort. Je suis au comble du malheur ;
sans ressource, abandonné de tout le monde, je n'ai d'appui que vous seule. Rendez-
moi votre cœur, j'accepte vos bienfaits ;
mais, si vous ne m'estimez pas, si vous ne
m'aimez plus, vous avez perdu le droit de
m'être utile ; je ne veux rien vous devoir.

COLET. Quoi ! vous voulez...

LE MAR. Je veux mourir où être aimé de

vous : cette volonté ne m'est pas nouvelle.

COLET. Mon frère, si nous l'abandonnons, personne ne viendra le secourir.

LE MAR. Point de pitié, Colette ; ce sentiment est affreux quand il succède à l'amour. Haïssez-moi, ou pardonnez-moi comme vous me pardonniez autrefois.

COLET. *le regardant.* Ah ! que l'infortune vous va bien ! Depuis que vous êtes malheureux, vous ressemblez bien d'avantage à ce Jeannot que j'ai tant aimé.

LE MAR. Je n'ai jamais cessé de l'être : mon cœur vous en répond : il est à vous, ce témoin-là ; il ne peut mentir.

COLET. Si j'étais bien sûre...

SCÈNE X.

LE MARQUIS, LA MARQUISE, COLIN, COLETTE;

LA MAR. Mon fils, tout est perdu : je viens de chez un ingrat qui me doit tout, il n'a pas même voulu me recevoir. Que devenir ? Il ne me reste plus rien sur la terre.

COL. Ah ! madame, pourquoi oubliez-vous qu'il vous reste Colin ? Ma sœur et

moi nous avons éprouvé aujourd'hui une
douleur plus vive que celle qui vous accable;
vous ne perdez que votre fortune, et nous
avons craint d'avoir perdu nos amis. C'est à
vous, madame, à nous prouver notre injustice; c'est à vous à consoler nos cœurs en
acceptant tout ce que nous possédons.

LE MAR. J'en étais sûr, Colin. Oui, ma
mère, voilà votre ami, votre bienfaiteur;
c'est à lui que mon cœur vous confie : quant
à moi, il m'est impossible de partager le
bonheur que vous promet son amitié.

LA MAR. Qu'entends-je, mon fils! Tu
veux me quitter?

LE MAR. *montrant Colette.* Elle ne m'aime plus; elle croit que je l'ai trompée.

LA MAR. Vous, Colette! et c'est pour
vous seule qu'il osait me désobéir; c'est pour
vous....

COLET. N'achevez pas, c'est lui que je
veux croire. Oui, je suis sûre de ton cœur:
et je ne te rends pas le mien; jamais je
n'ai pu te l'ôter. Ta Colette est aujourd'hui
bien plus heureuse que toi, puisque c'est
elle enfin qui fera ton bonheur.

3.

(*Le marquis tombe à ses pieds, et se tourne vers Colin.*)

LE MAR. Et toi, es-tu mon frère?

COL. *l'embrasse.* Il y a long-temps. (*A la marquise.*) Madame, nous étions destinés à ne faire qu'une famille ; souffrez que votre fils épouse ma sœur, et que tout mon bien lui serve de dot.

LA MAR. Ah! Colin! quelle vengeance! et combien vous êtes au-dessus de moi!

COL. Vous vous trompez, puisque c'est vous qui êtes malheureuse.

LE MAR. Eh! ma mère, dites-donc bien vîte que vous me donnez à Colette.

LA MAR. Hélas! mes enfans, c'est moi qui me donne à vous. Mais comment pourrai-je réparer jamais....?

COLET. Ah! ma mère, si vous saviez combien je vous dois pour le plaisir de vous appeler ma mère.

COL. J'ai ici de quoi vous acquitter avec vos créanciers. Nous donnerons à ta mère mon cher Jeannot, ton patrimoine d'Auvergne ; la dot de ta femme restera dans mon commerce, que je ne ferai plus que pour vous deux. (*A la marquise.*) Approuvez-vous ce que je lui propose ?

LA MAR. Je vous devrai, Colin, bien plus que vous ne pensez ; vous m'avez appris que le bonheur n'est pas dans la vanité, et que la vertu seule vient au secours de l'infortune.

FIN.

LES JUMEAUX
DE BERGAME
COMÉDIE
EN UN ACTE ET EN PROSE

Représentée pour la première fois sur le théâtre Italien, le mardi 6 août 1782.

PERSONNAGES.

ARLEQUIN.—.ARLEQUIN cadet.—ROSETTE.
NÉRINE.

La scène est à Paris, dans une place publique où est la maison de Rosette. À la porte de cette maison doit être un banc de pierre.

SCÈNE PREMIÈRE.
ARLEQUIN, NÉRINE.

Nér. Je te suivrai par-tout.

Arl. Comme il vous plaira; la rue est libre.

Nér. Je saurai ce que tu fais, et où tu vas.

Arl. Vous ne saurez rien ; car je vais rester ici à ne rien faire.

ANSWER:

NER. Mais, dis-moi, je t'en supplie....

ARL. Quoi?

NER. Tu es bien sûr que je t'aime.

ARL. Oui.

NER. Et toi m'aimes-tu?

ARL. Non.

NER. Et tu penses, perfide....?

ARL. Un moment, mademoiselle Nérine: êtes-vous capable de m'écouter une minute de sang-froid?

NER. Oui, oui, parle: parle, je t'écoute; je suis curieuse de savoir comment tu pourras t'excuser de cette indifférence, de cette froideur qui fait le malheur de ma vie, comment tu pourras me persuader.... Mais parle donc, je t'écoute tranquillement.

ARL. Je le vois bien, mais votre tranquillité me fait peur.

NER. Allons, explique-toi, justifie-toi; parle-moi donc.

ARL. Soyez juste, mademoiselle Nérine: vous savez bien que de ma vie je ne vous ai parlé d'amour; d'après cela....

NER. *très-vivement.* Tu ne m'en as jamais parlé, scélérat! tu ne m'en as jamais parlé?

Te souvient-il des premiers temps que tu étais dans la maison ? Comme tu volais au-devant de ce qui pouvait me plaire ! comme tu t'empressais de faire tout l'ouvrage que je devais partager ! Tu ne m'abordais jamais qu'avec cet air doux et tendre que tu prends si bien quand tu veux, monstre ; et tu n'appelles pas cela de l'amour ! Dis plutôt que j'ai cessé de te plaire ; dis-moi qu'une autre plus heureuse m'a enlevé ton cœur. Mais ne te flatte pas que l'on m'ôtera impunément mon bien : non, traître ; non perfide; je me vengerai, sois-en sûr ; je punirai ton mépris, et puisque l'amour le plus tendre n'a fait de toi qu'un ingrat, je mériterai ton indifférence en m'occupant de te haïr, com-me je m'occupais de t'aimer.

ARL. Si vous m'écoutez toujours comme cela, jamais vous ne m'entendrez.

NER. Mais parle donc, défends-toi ; profite de ce moment de calme.

ARL. Vous savez bien, mademoiselle Nérine, qu'il y a six mois que j'entrai au service de vos maîtres.

NER. Après, après, après.

ARL. En arrivant dans votre maison, je m'occupai de gagner l'amitié de tout le monde ; vous fûtes avec moi plus jolie que personne, je fus plus honnête avec vous. Petit à petit, votre politesse est devenue de l'amour ; ce n'est pas ma faute : vous ne m'avez pas consulté ; car si vous l'aviez fait, je vous aurais dit : mademoiselle Nérine, je ne vaux pas la peine d'être aimé de vous ; je suis retenu.

NÉR. Comment ! que veux-tu dire ? Et tu crois...

ARL. Continuons à causer paisiblement. Oui, mademoiselle, j'en aime une autre ; je l'aimais avant de vous connaître : sans cela, peut-être auriez-vous eu la préférence. Vous voyez que je suis toujours poli ; devenez raisonnable, mademoiselle Nérine. Que diable ! je ne vous ai jamais fait de mal, moi, pourquoi m'aimez-vous ?

NÉR. *dans la dernière fureur.* Hé bien, puisque tu le desires, tu peux compter sur la haine la plus implacable. Dès aujourd'hui, je te défends de me parler, de me regarder, de jamais te trouver dans les lieux où je

serai. Perfide ! je te prouverai que tu ne mé-
ritais pas une femme comme moi. Et ne
t'imagines pas que tu pourras rire avec ta
nouvelle maîtresse, et te moquer de mes chagrins : non , non , je saurai me venger. (*Elle
lui fait faire le tour du théâtre.*) Je décou-
vrirai ma rivale , je vous poursuivrai tous
les deux , j'allumerai ta jalousie et la sienne,
je vous brouillerai, je vous rendrai malheureux l'un par l'autre, je ferai de votre ménage
un enfer ; et ton tourment sera la seule oc-
cupation et le seul plaisir de ma vie. Adieu.

(*Elle sort.*)

SCÈNE II.

ARLEQUIN , *seul.*

CETTE femme-là a une manière de s'attendrir à laquelle je ne peux m'accoutumer ;
je tremble comme la feuille toutes les fois
qu'elle me parle de tendresse. Ah ! que Rosette est différente ! quand je suis près d'elle,
je ne tremble jamais de rien, que de ne pas
lui plaire assez. Heureusement , je dois
l'épouser demain ; hé bien , malgré notre

mariage, je sens que j'aurai toujours cette frayeur-là. Mais la voici. .

(*Rosette sort de sa maison, avec une boîte à portrait à la main.*)

SCENE III.
ROSETTE, ARLEQUIN.

Ros. Bonjour, mon ami, je t'attendais avec impatience. Jamais je ne me suis tant ennuyée qu'aujourd'hui; c'est sans doute parce que je dois t'épouser demain, et que la veille d'un beau jour est bien longue.

Arl. Je suis comme toi, ma bonne amie. J'ai beau écouter l'horloge à toutes les minutes : il ne sonne que toutes les heures; et quand nous sommes ensemble, ce drôle-là sonne les heures à toutes les minutes.

Ros. J'espère que notre mariage ne réglera pas cet horloge.

Arl. Que tiens-tu là ? Voyons, montre vite; je suis pressé. Pour qui cela ?

Ros. C'est pour toi; car c'est moi.

Arl., *regardant le portrait.* Comment! Oui, c'est toi. Tu es là; (*Il montre le portrait*) tu es là; (*il montre Rosette*) tu es ici;

(*il montre son cœur*) tu es par-tout. Je ne m'étonne plus si je te vois par-tout.

Ros. Mon ami, depuis long-temps je t'ai donné mon cœur; aujourd'hui voilà mon portrait, et demain je serai ta femme.

Arl., *regardant le portrait.* Qu'il est joli! c'est un peintre qui a fait cela, ma bonne amie; j'en suis fâché; il est sûrement amoureux de toi, ce peintre-là; car il faut regarder quelqu'un pour le peindre. Oh c'est bien toi. (*il le baise.*) Plus je l'embrasse, plus j'ai envie de t'embrasser.... Mais non, je dois t'épouser demain; je n'ai jamais volé personne, il ne faut pas commencer par moi. (*Il veut mettre le portrait dans sa poche.*)

Ros. Rends-moi ce portrait, mon ami; le peintre m'a demandé d'y retoucher encore; c'est l'affaire d'un moment; si tu veux venir avec moi, tu l'emporteras de suite.

Arl. *lui rend le portrait.* Non il faut que je m'en aille, car mon maître m'attend pour que je lui rende ses clés. Nous avons eu une querelle ensemble : il m'a refusé la permission de me marier; je lui ai dit qu'il n'avait qu'à chercher un autre domestique. Il

s'est emporté, et m'a mis à la porte sans
me payer mes gages.

Ros. Sois tranquille, je suis riche, et
demain ma fortune et ma main seront à toi.
Va finir tes affaires, et reviens chercher ce
portrait avant la nuit.

Arl. Je n'y manquerai pas. Ce qui me
fâche le plus de la colère de mon maître,
c'est que je comptais lui donner à ma place
mon frère jumeau qui est en Italie. Je lui
ai écrit, dans cette intention, de venir tout
de suite me joindre à Paris. Il arrivera un
de ces matins, et je ne saurai comment le
placer.

Ros. Nous aurons soin de lui, ne t'en
inquiète pas.

Arl. Oh! je suis bien sûr que mon frère
te plaira; il est charmant, toujours gai, toujours de bonne humeur; et puis nous nous
ressemblons si parfaitement, qu'il est très-
difficile de nous distinguer. Tout bien réflé-
chi, je suis bien aise qu'il ne soit pas encore
arrivé; car tu aurais fort bien pu l'épouser à
ma place, sans t'en douter.

Ros. Oh! que non, mon ami; celui qu'on

aime n'a point de jumeau. Mais tu oublies
que ton maître t'attend.

ARL. A propos ; sûrement il m'attend : il
faut que je m'en aille. Adieu, ma bonne
ami. Tâche de faire dépêcher ce peintre.
(*Il s'en va.*)

ROS. Oui, oui ; adieu.

ARL. *revient.* Ma bonne amie, n'oubliez pas que c'est aujourd'hui la veille de
demain.

ROS. Sois tranquille, et va-t'en.

ARL. Oh! je m'en vais : adieu. (*Il revient.*)
Ma bonne amie, vous ne savez pas, j'ai
une peur terrible de mourir avant d'être à
demain. Si je mourais, cela romprait-il
notre mariage ?

ROS. Si cela t'arrive, je te promets de
mourir aussi. Es-tu content ?

ARL. Oh, c'est trop : pourvu que je te
voie me regretter, cela me suffit.

ROS. Mais veux-tu bien partir ?

ARL. Me voilà parti ; adieu ma chère
Rosette. (*Il lui baise la main ; et ôte son
chapeau au portrait ; en disant :*) Adieu,
monsieur mon ami.

SCENE IV.
ROSETTE, *seule.*

Comme il m'aime ! comme je suis heureuse! Allons vîte faire achever ce portrait ;
et puisqu'il perd à cause de moi tout ce que
lui doit son maître , je mettrai dans la boîte
tout l'argent dont je peux disposer. Le plaisir
le plus vif de l'amour , c'est de donner à
celui qu'on aime.

(*Rosette sort ; et l'on entend derrière la
scène Arlequin cadet chanter : on le voit
paraître avec une guitare sur le dos.*)

SCENE V.
ARLEQUIN CADET, *seule.*
(*Il chante.*)

Toujours joyeux, toujours content,
Je sais braver la misère ;
Pour lu rendre plus légère ,
Je la supporte en chantant.
Souvent la vie est importune :
J'ai mon fardeau , chacun le sien :
Ma gaîté , voilà ma fortune ;
Ma liberté , voilà mon bien.

D'UN an de peine et de chagrin
Un court plaisir me dédommage ;
Quand je suis au bout du voyage,
Je ne songe plus au chemin.
Du sort je crains peu l'inconstance ;
Tantôt du mal , tantôt du bien ;
Travail, repos, plaisir , souffrance,
Je ne refuse jamais rien.

J'ai beau chanter , je ne peux pas oublier
que je meurs de faim. Mais il faut que mon
frère soit fou; il m'écrit à Bergame de venir
le joindre à Paris , et il oublie de me donner
son adresse. J'ai déjà demandé à plus de cent
personnes où demeure monsieur Arlequin,
domestique ; ils me répondent tous par des
éclats de rire. On aime beaucoup à rire dans
ce pays-ci. Oh ! je rirai aussi, moi , mais
quand j'aurai dîné. On a beau dire que l'on
s'accoutume à tout; voilà plus de trois jours
que j'ai faim , et je ne peux pas m'y accoutumer. Allons, du courage; peut-être ferai-je
fortune ici ; je montrerai l'italien , je sais
jouer de la guitare , voilà de quoi se pousser
dans le monde. D'ailleurs, j'ai ouï dire qu'en
France on préfère toujours quelqu'un de mé-
diocre , quand il est étranger , à un homme

de mérite qui n'est que du pays ; je suis étranger ; je ferai fortune. En attendant, je voudrais bien trouver mon frère. Il me vient une idée ; je vais frapper à toutes les portes que je verrai ; je finirai sûrement par trouver mon frère. Voyons, commençons par celle-ci. (*Il frappe à la porte de Rosette. Rosette vient derrière lui*)

SCÈNE VI.

ROSETTE , ARLEQUIN CADET.

Ros. Ne frappe pas si fort ; tiens, voilà mon portrait, il est achevé. (*Elle lui donne la boîte.*) Je n'ai pas le temps de causer avec toi ; la nuit vient : il faut que je rentre dans ma maison. Je t'attendrai demain à huit heures ; notre mariage sera pour neuf. Adieu mon ami : d'ici là, pense toujours à Rosette. (*Elle rentre , et laisse Arlequin cadet stupéfait, avec la boîte à la main.*

SCÈNE VII.

ARLEQUIN CADET, *seul.*

On m'avait bien dit que les demoiselles de Paris étaient fort prévenantes ; mais, par ma foi

foi, je n'aurais jamais cru que ce fût à ce
point-là. (*Il regarde le portrait.*) Elle est
jolie mademoiselle Rosette! Mais cette boîte
me semble bien lourde... (*Il l'ouvre.*) Des
louis d'or! Elle est charmante, mademoiselle
Rosette! La fortune ne m'a pas fait attendre
long-temps dans ce pays-ci. A peine débar-
qué, je trouve une jolie fille et de l'argent.
(*Il compte les louis d'or.*) Un, deux, trois,
cinq... Plus j'y pense, plus je la trouve aimable; dix, neuf, sept.... Oh! mon cœur
est pour jamais à mademoiselle Rosette. (*Ici
Nérine arrive, et vient doucement derrière
Arlequin cadet, en l'écoutant parler; celui-
ci, après avoir remis l'argent dans la
boîte, s'adresse au portrait.*)

SCENE VIII.

ARLEQUIN CADET, NÉRINE.

ARLEQ. CADET. Oui, charmante Rosette,
de toute mon ame je vous épouserai demain;
je vous aimerai, qui plus est; vous avez des
manières si séduisantes, que jamais... (*Nérine lui arrache la boîte avec fureur.*)

NER. Enfin, je te connais, monstre!

4

ARL. CADET. Bon !

NÉR. Je connais ma rivale. C'est donc Rosette que tu me préfères ? C'est Rosette que tu épouses demain ?

ARL. CADET, *à part.* Tenez ! l'on sait déjà mon mariage. (*haut.*) Oui, mademoiselle : est-ce une raison pour me prendre mon bien ?

NÉR. Ton bien, ton bien, scélérat !... Je ne sois qui me tient que je ne t'arrache les yeux. Perfide ! ton bien était le cœur de Nérine, qui t'adorait, qui n'aimait que toi, dont la félicité dépendait de toi seul ! Ingrat ! tu le méprises, tu comptes pour rien mon amour, mes larmes, mon désespoir ! Rien ne m'arrête plus ; il est temps de venger mes injures. (*Elle le prend à la gorge, et le secoue rudement.*) Il est temps d'étouffer le sentiment qui m'a retenue jusqu'ici. Tu te repentiras de m'avoir trahie, tu gémiras de m'avoir perdue ; je veux te voir à mes genoux me demander pardon, pleurer, mourir de douleur, et je n'en serai que plus inflexible. (*Elle le jette contre une coulisse, et s'en va.*)

SCÈNE IX.

ARLEQUIN CADET, *seul.*

Hé bien, elle emporte la boîte... Oh, eh,
mademoiselle, oh, eh, rendez au moins
les louis d'or. Elle ne m'écoute pas : courons après, tâchons de ratrapper mon argent. C'est un singulier pays que celui-ci !
On vous donne d'une main, et l'on vous
reprend de l'autre.

(*Il sort. Arlequin arrive du côté opposé.*)

SCÈNE X.

ARLEQUIN, *seul.*

Grace au ciel, me voilà libre, et je n'aurai plus à obéir qu'à ma chère Rosette. Ah !
que c'est différent d'avoir un maître ou une
maîtresse ! cela ne devrait pas s'appeler de
même.... Frappons à sa porte.

(*Il frappe.*)

SCÈNE XI.

ARLEQUIN, ROSETTE, *à la fenêtre.*

Ros. Qui est-là ?

Arl. C'est moi.

Ros. Que veux-tu ?

Arl. Belle demande ! le portrait.

Ros. Quel portrait ?

Arl. Comment, quel portrait ! Le tien. Y en a-t-il deux dans le monde ?

Ros. Tu l'as dans ta poche.

Arl. je l'ai dans ma poche ! et qui l'y aurait mis. (*Il se fouille.*)

Ros. C'est toi ; je te l'ai donné, il n'y a pas un quart d'heure.

Arl. Tu me l'as donné ?

Ros. Sans doute.

Arl. A moi ?

Ros. A toi-même, l'as-tu déjà oublié ?

Arl. Ecoutez, ma bonne amie, c'est sûrement moi qui ai tort ; car il est impossible que vous n'ayez pas raison : mais on ne s'entend jamais bien à cinq ou six toises l'un de l'autre ; faites-moi le plaisir de descendre, je vous en prie.

Ros. Très-volontiers ; ce ne sera pas pour long-tems, car voilà la nuit.

(Elle descend.)

Arl. *à part.* Que veut-elle dire ? Je sais

fort bien que je n'ai pas plus de mémoire
qu'un lièvre ; mais je n'oublie jamais ce
qu'on me donne.

Ros. Hé bien ! me voilà : que veux-tu ?

ARL. Je veux mon portrait : vous me
l'avez promis ; il faut tenir sa parole.

Ros. Mais elle est acquittée ma parole ;
et tu sais bien....

ARL. Allons, allons, mademoiselle Rosette,
finissons cette plaisanterie ; je n'aime point
du tout qu'on badine sur ces choses là. Quand
on est amoureux tout de bon, ce n'est pas
pour rire, mademoiselle.

Ros. Quoi ! sérieusement, tu veux me
soutenir que je ne t'ai pas donné mon portrait ?

ARL. Non, sans doute, vous ne me l'avez
pas donné ; vous m'avez dit de le venir re-
prendre avant la nuit, et je ne vous ai pas
revue depuis ce moment.

Ros. Arlequin.

ARL. Après ?

Ros. Avez-vous envie de me fâcher ?

ARL. Comment pourrais-tu le croire ? Tu
sais bien que j'en ai tremblé toute ma vie.

. .   4.

Ros. Hé bien, mon ami, finissons : songe
à ce que tu m'as dit si souvent, que jamais
il n'y aurait de querelle dans notre ménage ;
voudrais-tu manquer à ta promesse dès la
veille ? Je ne l'ai pas mérité ; j'ai fait pour
toi tout ce que j'ai pu faire ; tu désirais mon
portrait, je te l'ai donné avec autant de plaisir que tu m'en as marqué en le recevant.
Tu l'as, garde-le : n'en parlons plus, et je
te souhaite le bon soir.

(*Elle veut s'en aller, Arlequin la retient.*)

Arl. Ma bonne amie....

Ros. Hé bien !

Arl. Il est possible que l'amour, le bonheur de vous épouser demain, me troublent
la cervelle : si cela est, vous devez avoir
pitié du mal que vous m'avez fait. Redites-
moi donc, par amitié, par complaisance,
dans quel endroit, quand et comment vous
avez eu tant de plaisir à me donner ce portrait.

Ros. Ici, il n'y a pas un quart d'heure : je
revenais de chez le peintre ; je t'ai trouvé
frappant à ma porte ; je t'ai...

Arl. Moi, je frappais à votre porte ?

Ros. Sans doute. Je t'ai donné la boîte où était le portrait ; et comme tu m'avais dit que ton maître te refusait ce qu'il te doit, j'ai mis dans la boîte le peu d'argent que je possédais.

Arl. Comment, vous avez mis de l'argent dans la boîte ?

Ros. Oui, mon ami, en serais-tu fâché ?

Arl. Ni fâché, ni bien aise ; cela ne fait rien à la ressemblance. Ensuite ?

Ros. Ensuite ; voilà tout.

Arl. Et tout cela est vrai ?

Ros. *émue.* Comment ! si cela est vrai !

Arl. Et où l'ai-je mise cette boîte ?

Ros. Je l'ai laissée dans vos mains. Auriez-vous le projet de rompre avec moi, en me niant tout ce que je viens de dire ?

Arl. *cherchant dans sa poche.* Oh ! non, ma bonne amie : oh ! mon dieu non. Je t'aime trop pour ne pas te croire plus que je ne me crois moi-même. C'est singulier, voilà tout.

Ros. *plus émue.* Quoi ! vous ne vous souvenez pas...

Arl. *cherchant toujours dans ses poches.* Si fait, si fait, ma bonne amie, je m'en ressouviens à présent, je m'en ressouviens à

merveille. Je vous remercie de votre complaisance, et (*il soupire.*) du portrait que
vous m'avez donné : je ne le perdrai pas,
c'est bien sûr.

Ros. En vérité, mon ami, je crois que ta
tête est un peu troublée : mais cela ne peut
me déplaire, et je souhaite de ne te voir jamais plus sage. Adieu, mon ami, il fait
nuit tout à fait, je me retire. A demain ; tu
ne l'oublieras pas, j'espère.

Arl. Non, sans doute ; et je vous réponds de ne pas me faire attendre.
(*Elle rentre chez-elle : il fait nuit tout à fait.*)

SCENE XII.

ARLEQUIN, *seul.*

Il est clair que le diable se mêle de mes
affaires, et que c'est lui qui m'a escamoté
mon portrait. Or comme il pourrait fort
bien m'escamoter ma Rosette, je m'en vais
me coucher à sa porte, et attendre le bien-
heureux jour de demain. Je ne bouge pas
d'ici ; (*Il s'assied à la porte de Rosette*) je
ne ferme pas l'œil de toute la nuit : je m'en

vais garder ma maîtresse, comme j'aurais
dû garder son portrait, et nous verrons qui
sera le plus fin du diable ou de l'amour.

SCENE XIII.

ARLEQUIN , ARLEQUIN CADET.

ARLEQUIN CADET , *se croyant seul.*

Je n'ai jamais pu rejoindre cette voleuse,
elle ne sait pas sûrement le cruel embarras
où elle me met. Que deviendrai-je ? Il fait
nuit, et je n'ai pas le sou. Si mademoiselle
Rosette n'a pitié de moi, il faudra coucher
dans la rue.

ARL. *à part.* J'entends parler de Rosette.

ARL. CADET. J'ai envie d'essayer une petite sérénade ; cela engagera peut-être mademoiselle Rosette à m'ouvrir sa porte. En
conscience elle peut bien me donner à sou-
per la veille de notre mariage. Voyons.

(*Il prépare sa guitare.*)

ARL. *se levant.* Que dit-il donc de mariage ?

ARL. CADET. Avec tout cela, cette voleuse m'a paru gentile, sa colère m'aurait

gagné le cœur, si elle ne m'avait pas pris mes louis d'or. Oh! Rosette vaut mieux, elle donne au lieu de prendre. Allons, chantons lui quelque joli couplet : quand on veut plaire, et qu'on n'a pas beaucoup d'amour, il faut tâcher d'avoir un peu d'esprit. (*Il accorde sa guitare.*

ARL. *aiguise sa batte sur la terre.* J'accorde aussi ma guitare, moi.

ARL. CADET *s'assied sur le banc de pierre, et chante.*

DAIGNE écouter l'amant fidèle et tendre
Qui vient encor te parler de ses feux ;
Lorsqu'il ne peut ni te voir ni t'entendre,
En te chantant, il est moins malheureux.

SCENE XIV.

ARLEQUIN ; ARLEQUIN CADET, ROSETTE, *à la fenêtre.*

Ros. Est-ce toi mon ami ?

ARL. CAD. Oui, c'est moi.

ARL., *à part.* Comment ! elle lui parle !

Ros. Je t'écoute avec plaisir...

ARL. CAD. Oh ! je ne te rendrai jamais celui que m'a fait ton portrait.

ARL., *à part.* Son portrait.

ARLEQUIN CADET, *chante.*

A chaque instant je veux revoir ce gage
Qui me promet d'éternelles amours ;
J'ai beau sentir dans mon cœur ton image.
Mes yeux jaloux la desirent toujours.

ARL., *à part.* J'ai bien envie de frotter les oreilles à ce chanteur-là.

ARL. CAD., *à Rosette.* Que dis-tu ?

ROS. Je ne dis rien, mon cher ami, j'écoute.

ARL., *à part.* Ah ! la perfide ! J'étoufferai, je crois, s'il dit encore un couplet.

ARL. CAD., *à Rosette.* Tu demandes encore un couplet.

(*Il chante.*)

POURQUOI veux-tu que ma bouche répète
Le doux serment dont mon cœur est lié ?
Regarde-toi, ma charmante Rosette,
Et tu verras s'il peut être oublié.

ARL., *à part.* Ce drôle-là me fera mourir de chagrin, mais je ne mourrai pas sans m'être vengé. (*Il donne des coups de batte à son frère.*) Voici ma musique, à moi.

ROS., *à la fenêtre.* O ciel, courons à son secours.

SCENE XV.

ARLEQUIN, ROSETTE.

Arl. Je voudrais bien savoir comment elle pourra s'excuser de tout ce que je viens d'entendre.

Ros., *à tâtons*. Mon cher ami, où es-tu ? N'es-tu pas blessé ? Parle vite.

Arl. Oui, oui, je suis blessé, cruellement blessé. La voilà donc, cette Rosette dont j'étais si sûr l·la veille de son mariage, elle trahit son mari.... Allez, je vous connais à présent, je ne vous aime plus. Oh ! je sais bien que j'en mourrai d'avoir prononcé ce mot-là, mais je vous le dirai cent fois pour mourir plus vite ; je ne vous aime plus, je ne vous aime plus, je ne vous aime plus.

Ros. Je te supplie de me répondre ! Que peux-tu donc me reprocher ?

Arl. Ah ! ce n'est qu'à ceux que l'on estime encore que l'on fait des reproches et je n'ai rien à vous reprocher.

(Il s'éloigne ; dans le moment Nérine paraît.)

SCENE XVI.

SCENE XVI.

ARLEQUIN, ROSETTE, NÉRINE.

NER., *à part.* J'entends la voix de mon traître : assurons-nous de sa perfidie.

Ros., *qui a seule entendu ces derniers mots.* Mais que parles-tu de perfidie ? Arlequin ? mon cher Arlequin, écoute-moi.

(*Ici Arlequin cadet, qui s'était enfui, arrive ; entendant les derniers mots de Rosette, il va du côté de Nérine.*)

SCENE XVII.

ARLEQUIN, ARLEQUIN CADET,
NÉRINE, ROSETTE.

ARL. CAD., *à Nérine, qu'il prend pour Rosette.* Me voici, puis-je te parler ?

ARL. *qui prend la voix de son frère pour celle de Rosette.* Vous parlerez tant qu'il vous plaira, rien ne peut vous justifier.

ROS. Je suis au désespoir.

ARL. CAD., *à Nérine, qu'il trouve toujours près de lui.* Pourquoi cela, ma chère Rosette ?

NER. *à part.* J'ai peine à contenir ma fureur.

5

ARL. CAD., *à Nérine.* Tu es trop bonne
d'être en colère : ce qui m'est arrivé n'est
rien : ils étaient cinq ou six contre moi : sans
cela je les aurais frottés d'importance.

Ros. *qui l'entend.* Mais où es-tu donc ?

ARL. CAD. Je suis ici.

ARL. *à part.* Qui est-ce donc que j'entends ?

ARL. CAD., *à Rosette.* C'est moi que tu
entends.

Ros. *prend sa main.* Est-ce toi ?

ARL. CAD. C'est moi.

NER. *le saisit.* Oh ! je te tiens : tu ne
m'échapperas pas.

(*Arlequin cadet se trouve entre Rosette
et Nérine.*)

ARL., *s'en allant dans la maison de
Rosette.* Tâchons de nous éclaircir.

SCENE XVIII.

NÉRINE, ARLEQUIN CADET,
ROSETTE.

Ros. Eh quoi ! tu me trahissais ?

NER. Tu croyais donc me tromper, scélérat ?

ARL. CAD. Le diable m'emporte si je sais

un mot de ce que vous me voulez ! Au nom du ciel, mademoiselle Rosette, ne vous en allez pas ; et vous, esprit, diable, lutin invisible, ne me serrez pas si fort, car j'étrangle.

Ner. Point de grâce, perfide !

SCÈNE XIX.

ARLEQUIN CADET, NÉRINE, ROSETTE, ARLEQUIN, *qui apporte de la lumière.*

Arl. Quoi ! c'est mon frère de Bergame !

Ner. Comment ! ils sont deux ! Tant mieux.

Arl. Cad. *court embrasser son frère.*

Ah ! mon cher frère, c'est toi ! (*Ils s'embrassent.*)

Arl. Mon cher ami, je suis fort aise de te revoir, quoique vous ne vous conduisiez pas en trop bon frère.

Ros. Quelle ressemblance ! mais mon cœur n'en est pas la dupe.

(*Elle prend la main de l'aîné.*)

Arl. Il l'a été cependant ; car vous lui avez donné votre portrait.

ARL. CAD. Mademoiselle Nérine sait bien
ce qu'il est devenu. Écoutez, mademoiselle,
j'ignore si mon frère a des torts avec vous ;
mais il est sûr que je ne suis ici que d'aujour-
d'hui. Comme j'arrivais, mademoiselle Rosette est venue très-poliment me donner son
portrait et de l'argent; l'instant d'après, vous
êtes venue m'arracher l'un et l'autre, et
vous avez disparu comme un éclair, en me
reprochant que j'étais insensible à votre
amour, tandis que j'aurais donné tous les
trésors du monde pour avoir le plaisir de
vous voir un moment de plus.

ARL. D'après ce qu'il vous dit, mademoi-
elle, il me semble que vous pourriez troquer
ce portrait-là contre l'original du mien. (*Il*
montre son frère.)

NER. Vous m'avez appris qu'il faut se
connaître avant de s'aimer.

ARL. CAD. Voyez mon étourderie ! avec
vous, j'ai commencé par la fin. D'ailleurs,
vous connaissez mon frère; c'est tout comme
si vous me connaissiez: vous voyez que je
lui ressemble trait pour trait. La seule dif-

férence qu'il y ait entre nous deux, c'est que je suis le cadet ; et si vous aviez la bonté de m'aimer, je me croirai l'aîné de la famille.

ARL. Allons, mademoiselle Nérine, il dépend de vous seule que nous soyons tous les quatre heureux.

ARL. CAD. Hé bien ?

NÉR. Hé bien, je vois qu'il faut d'abord lui rendre son portrait, et puis nous verrons s'il faudra vous donner le mien.

ARL. Mes amis, nous voilà tous contens ; aimons-nous bien, mais si vous m'en croyez, n'habitons pas dans la même maison ; il pourrait arriver des méprises de plus grande conséquence que celle d'aujourd'hui.

VAUDEVILLE.

ARLEQUIN CADET, *à Nérine.*

LA foi que vous m'avez promise
Ne la dois-je qu'à votre erreur ?
Trop souvent c'est une méprise,
Lorsqu'on croit être au bonheur.
Dissipez ma frayeur extrême
En me promettant de nouveau,
Que vous m'aimerez pour moi-même,
Et non pas comme son jumeau.

NÉRINE.

ÉLOIGNEZ de vaines alarmes,

L'hymen unira nos deux cœurs :
D'un rival vous avez les charmes,
Mais vous n'avez pas ses rigueurs.
Pour fixer mon âme incertaine,
L'amour me prête son flambleau;
A l'aimer je perdis ma peine,
Vous ne serez pas son jumeau.

ARLEQUIN, *à Rosette.*

SOUVIENS-TOI bien de l'imposture
Qui pensa faire mon malheur :
En amour la moindre piqûre
Blesse profondément le cœur.
Si jamais un amant fidèle,
Brûlant d'un feu toujours nouveau,
Te jure une ardeur éternelle,
Prends-y garde ; c'est mon jumeau,

ROSETTE, *au cadet.*

MON ami, devenez mon frère,
L'amitié vaut bien les amours;
Et si votre sœur vous est chère,
Je vous reconnaîtrai toujours,

(*à Arlequin.*)

Je devais me laisser surprendre,
L'amour n'a-t-il pas un bandeau ?
Si mon cœur à pu se méprendre;
Ce n'était que pour ton jumeau.

FIN.

HÉRO ET LÉANDRE,
MONOLOGUE LYRIQUE.

Le théâtre représente l'Hellespont et le rivage de Sextos ; à droite, l'on voit une tour isolée, sur le haut de laquelle est un fanal allumé, les flots baignent le pied de la tour. Il fait nuit, la lune est dans son plein ; le plus profond silence règne sur les flots et sur la rive. Héro sort de la tour.

HÉRO.

Enfin la nuit étend ses voiles sur toute la nature. Mon cher Léandre, voici l'heure où, n'écoutant que ton amour et ton courage, tu vas t'élancer dans les flots ; et, sans autre guide que ce fanal que je viens d'allumer pour toi, tes robustes bras fendront les ondes, et te porteront dans ceux de ta bien aimée, (*Elle regarde le ciel et la mer, et reste un moment plongée dans la rêverie.*) Avec quelle douce volupté je considère ce calme profond ! Comme la mer est paisible ! Comme l'air est pur ! Zéphire même n'ose

l'agiter : tout se tait, tout est tranquille. O
mon ami, tu ne dois entendre que la voix
plaintive des alcyons, et le murmure des
flots qui cèdent à tes efforts ; la lune bien-
faisante te prête toute sa lumière ; l'onde,
en la réfléchissant, semble vouloir la dou-
bler...Ah ! toute la nature doit s'intéresser
à l'amant qui expose sa vie pour voir son
amante.

(*Elle se promène avec l'air agité.*)

Je ne sais quelle terreur secrète se glisse
malgré moi dans mon sein. Cher Léandre,
ne viens pas aujourd'hui... Ne viens jamais,
si tu risques de perdre le jour. Cette mer
est si fatale ! Hellé, la malheureuse Hellé,
trouva la mort dans ses flots : le bélier doré
put à peine sauver son frère... Tu n'as rien,
toi, que mes vœux et ton courage..., S'il
arrivait......Mais non, l'Amour, tous les
Dieux, doivent veiller sur toi.

(*Elle s'adresse à la lune.*)

Belle Phœbé, ne quitte pas les cieux,
éclaire la route dangereuse que mon amant
doit parcourir, montre-lui tous les écueils,
fais-lui voir toujours la terre, ne souffre pas

que le moindre nuage te dérobe un moment à ses yeux ; souviens-toi des peines que te causa l'amour, et sauve un amant aussi fidèle, aussi tendre que l'était Endymion.

(Elle écoute avec attention, et dit après une grande pause.)

J'ai cru l'entendre ; et ce n'est qu'une vague qui a fait palpiter mon cœur.

(Avec passion.)

O mon ami, redouble tes efforts ; que le feu qui te consume te rende insensible au froid de l'onde. Hâte-toi de sortir de cet élément perfide, viens rassurer ton épouse éperdue, viens la presser dans tes bras... Je crois te voir : oui, je te vois ; tu fends les flots avec vitesse, tu laisses loin derrière toi un long sillon qui bouillonne ; les yeux toujours fixés sur ce fanal, tu reprends des forces à mesure que tu t'en approches : les astres, les étoiles, guides ordinaires du nautonier, n'existent point pour toi ; ton seul astre, c'est ce flambeau ; tu ne vois que lui dans le ciel, tu ne connais que moi sur la terre, et l'univers se réduit pour toi à la seule tour que j'habite.

5.

(Avec inquiétude)

Mais l'amour égare mes sens. Léandre ne
vient point : je n'aperçois rien sur les flots.
Peut-être n'est-il pas aussi tard que je l'imagine ; je me suis trompée moi-même , j'ai
cru qu'il arriverait plus vite en allumant plus
tôt le flambeau.

(Elle retourne vers la mer , regarde , et
écoute attentivement.)

Cependant il me semble qu'il n'a jamais
tardé si long-temps. J'ai déjà calculé cent
fois l'instant de son départ, la durée de son
trajet ; il devrait être ici... Encore si la mer
était agitée, je pourrais croire que la frayeur
l'a retenu.... Peut-être n'est-il point parti...
peut-être de nouvelles amours.... Ah !
Léandre , pardonne , pardonne ; j'ose douter de ton cœur : mais que le moindre vent
trouble les eaux , et je n'accuserai plus que
Neptune.

(Avec colère)

Pourquoi faut-il que nous , qui n'avons
qu'une âme , nous ayons deux patries ? de
quoi nous sert d'être si près l'un de l'autre,
si nous sommes toujours séparés ? Oui j'ai-

merais mieux que l'univers entier fût entre
nous deux.

(*L'horison commence à se couvrir de nuages
et la lune s'obscurcit.*)

Mais le ciel devient plus sombre, la lune
semble vouloir cacher sa tremblante lumière,
mon cœur se serre.... Et si la tempête....
Eloignons de funestes idées...Je me trompe
sans doute; la frayeur me fait voir des nuages
qui n'existent point : j'ai souvent éprouvé
que loin de mon amant le ciel ne m'a jamais
paru beau !

(*La tempête commence, et va toujours en
augmentant..*)

Qu'entends-je ! non, ce n'est point une
illusion ; un bruit sourd semble sortir de
l'abyme, il s'avance avec les ténèbres, il
devient éclatant; la mer s'agite, les vents
commencent à mugir, ils vont se déchaîner
sur les vagues déjà blanchies.

(*Avec l'accent de la douleur et de l'effroi.*)

Dieux tout-puissans !.... les forces m'a-
bandonnent; chaque éclair, chaque coup de
tonnerre, porte la mort dans mon cœur....

Malheureuse !..... il sera parti......il sera parti....

(Elle tombe épuisée sur un rocher, et se relève avec impétuosité.)

Cher Léandre, retourne, il en est temps encore....... retourne vers ton rivage, ne songe qu'à sauver tes jours : je t'irai voir, l'amour me donnera des forces : je suis sûre de faire le trajet quand je t'aurai pour but de mon voyage. Je ne suis pas certaine du retour ; mais je t'aurai vu, je t'aurai sauvé, je mourrai satisfaite.

(La tempête est dans sa plus grande force.)

O Dieux! quels éclats! quelle tempête; les flots en fureur s'élancent contre les éclairs : le tonnerre se précipite sur les flots ; les vagues et les airs ne sont plus qu'un chaos sillonné de traits de feu. Tous les élémens sont confondus, et mon amant combat peut-être seul contre la nature.

(Elle tombe à genoux et s'écrie avec trans-port :)

O Neptune, ô Borée, appaisez-vous, épargnez-le ! il ne vous offensa jamais ; un jour n'a jamais fini sans qu'il vous ait

adressé des vœux. Vous connaissez l'amour ;
souvenez-vous de Phillyre, souvenez-vous
d'Orythie, prenez pitié des maux que vous
avez soufferts vous-mêmes. Que vous faut-il?
que voulez-vous, je n'ai point de victime ;
mais, si le sang est nécessaire pour vous
appaiser, dites un mot, un seul mot, et ce
poignard va percer mon cœur. Parlez ; Léan-
der est en danger ; Léandre succombe peut-
être : par pitié, hâtez-vous de parler.

(La tempête s'appaise.)

Ils m'ont entendue .... Les vents s'appai-
sent, la mer se calme ; les flots retombent
à leur place, le ciel redevient serein, et je
n'entends plus que le murmure des ondes qui
gémissent encore de la fureur des aquilons.

(Avec l'émotion la plus tendre.)

Ah ! Léandre, mon cher Léandre, as-tu
souffert cette tempête ? Les dieux t'auront
protégé ; ils viennent de calmer la mer ; c'est
la marque sûre de leur faveur. Léandre, tu
vas venir, je vais te voir : ah ! comme je te
presserais contre mon sein ! combien tes pé-
rils vont ajouter de charme à notre réunion!

(*Avec inquiétude et douleur.*)

Mais l'obscurité se dissipe, l'on voit déjà
l'orient se teindre d'une couleur vermeille,
l'amante de Céphale chasse devant elle les
ténèbres, et Léandre n'arrive point. Le
calme est revenu sur les flots, il ne l'est pas
dans mon cœur.

(*L'on voit le lever de l'aurore et la naissance du jour.*)

Brillante Aurore, daigne me pardonner,
si jamais je t'adressai des vœux. Léandre me
quittait toujours à l'instant où tu paraissais;
pouvais-je desirer de te voir? Deviens aujour-
d'hui ma bienfaitrice, montre-moi mon
amant; et que ce jour, que tu précèdes,
soit beau pour moi comme il va l'être pour
toute la nature.

(*Elle va regarder sur un rocher*)

Oui, je le vois, c'est lui... Dieux im-
mortels! que ne vous dois-je pas! Ah! je
sens bien que toutes mes peines n'ont pas
assez payé ce doux moment.

(*On voit dans le lointain Léandre qui fait
des efforts pour se soutenir sur les eaux.*)

Mais que vois-je! il s'éloigne... Il s'ap-

proche.... Il semble lutter contre les flots....
mon sang se glace.... Je le distingue ; ses
forces sont épuisées , ses bras lassés ne peuvent plus le soutenir....Léandre....Léandre....
entends ma voix, qu'elle prolonge tes forces ;
encore un moment de courage , et tu seras
dans les bras de ton épouse....Léandre, tu
ne m'entends pas.... tu ne peux plus résis-
ter.... Léandre.... encore un effort. Il me
semble me tendre les mains, il semble implorer mon secours. Oui , je vais m'élancer
vers toi....oui.... je vais mourir ou te sauver....Je vais....

(*Léandre s'enfonce dans les flots.*)

Ciel ! il a disparu ; mes yeux le cherchent
en vain... Léandre...mon cher Léandre...
Il n'est plus.... il n'est plus ; les flots l'ont
englouti.

(*Elle reste long-temps immobile, et reprend*
avec lenteur.)

Il n'est plus : je ne le verrai plus ; je ne le
verrai jamais ; il est mort pour moi. C'est
moi , c'est moi qui l'assassine !

(*Après une grande pause , avec fureur et*
desespoir.)

Dieux barbares qui vous jouez de mes
douleurs, qui sembliez écouter mes vœux
pour rendre plus aigu le trait dont vous me
déchirez ; dieux de sang, dieux de malheur,
puisse le destin, plus fort que vous, vous
rendre tous les maux que je souffre ! puisse
votre immortalité ne servir qu'à les prolonger ! Et toi mer affreuse, mer perfide,
tu n'as jamais causé que des maux, tu n'as
jamais respecté que le crime : le guerrier
farouche, l'avide marchand, sont en sûreté
sur tes flots : et tu fais périr l'amant fidèle
qui ne te demandait que de le porter près
de moi, qui t'invoquait tous les jours, qui
t'appelait sa bienfaitrice ! Va puisse ta fureur se tourner contre toi-même ! puisse
l'univers se dissoudre et retomber dans ton
sein ! puisse la terre combler ton lit, et le
chaos te détruire et te remplacer !

(*Elle retourne sur le rocher.*)

Je ne le verrai plus ! je ne le verrai jamais !
Léandre, mon cher Léandre ! et as-tu pensé

que je pourrais te survivre? as-tu pensé que
je pourrais jamais regarder cette mer odieu-
se? Non, je t'irai chercher jusque dans ses
abymes; j'irai me rejoindre à la plus chère
moitié de moi-même. Qui sait aimer sait
mourir; et cette mort est un doux moment,
puisqu'elle me réunit à Léandre.

(*Elle se frappe et se jette à la mer.*)

FIN.

LE BAISER,

FÉERIE EN UN ACTE ET EN VERS,

MÊLÉE DE MUSIQUE,

Représentée pour la première fois sur le
théâtre Italien, le 26 novembre 1781.

A VOUS.

J'AI chanté LE BAISER ; ce sujet est bien
doux,
  Souffrez que je vous le dédie.
Tout ce qu'Alamir dit à sa chère Zélie,
  Je ne l'ai pensé que pour vous :
  Si votre cœur de cet hommage
  Veut me payer par des bienfaits,
  Le titre seul de mon ouvrage
  Vous dira le prix que j'y mets.

PERSONNAGES.

AZURINE, mère d'Alamir. — ALAMIR,
amant de Zélie. — ZÉLIE, élevée par Azurine. — BIRÈNE, vieille fée. — PHANOE,
enchanteur. — UN ESCLAVE d'Azurine.

La scène est dans le palais d'Azurine.

SCENE PREMIERE.

ALAMIR, ZÉLIE.

ALAMIR.

Pourquoi me dérober tes larmes ?
Je dois tout partager, jusqu'au moindre soupir.
Ne suis-je plus cet Alamir
A qui tu confiais tes plaisirs, tes alarmes ?
Tu ne m'aimes donc plus ?

ZÉLIE.

Ah ! je n'aime que toi;
Mais je crains...

ALAMIR.

Que crains-tu ?

ZÉLIE.

Mon ami, laisse-moi.
C'est peut-être en vain que je tremble;
A quoi bon te donner des chagrins superflus?

ALAMIR.

Et comptez-vous pour rien de s'affliger ensemble ?

ZÉLIE.

Alamir...

ALAMIR.

Dis-moi tout, ne me résiste plus.

ZÉLIE.

AIR.

Non, non, tes prières sont vaines ;
Ne cherche pas à m'attendrir :
Quand je puis t'épargner mes peines,
Je crois alors n'en plus souffrir.
Souvent ma triste prévoyance
S'alarme de maux incertains :
Partageons toujours l'espérance ;
Mais laisse-moi tous les chagrins.

ALAMIR.

Quels que soient ces chagrins, sois sûre,
ma Zélie,
Que l'amour saura les calmer :
Ce sont les peines de la vie
Qui nous font mieux sentir le bonheur de
s'aimer.

ZÉLIE.

Oui; mais j'avais promis de garder le silence ;
Cependant je vais t'obéir :
Avec toi l'on ne peut tenir
Que les sermens d'amour et de constance.
Tu sais que, depuis notre enfance,
Destinés à nous voir époux ,
Nos premiers sentimens, nos plaisirs les
plus doux,

Furent l'amour et l'espérance.

ALAMIR.

Qui pourrait troubler les beaux jours
Que notre heureux sort nous destine?
Tous deux nous dépendons de ma mère
Azurine ;
Elle a vu naître nos amours ;
Elle veut nous unir.

ZÉLIE.

Sa bonté vigilante
Prépare et veut notre bonheur
Mais tu connais ce cruel enchanteur
Dont le nom seul inspire l'épouvante ,
Phanor...

ALAMIR.

Hé bien ?

ZÉLIE.

Il demande ma main.
Ta mère , de frayeur saisie ,
A voulu lui répondre en vain
Qu'à toi l'amour m'avait unie.
Que m'importent, dit-il, les projets d'Alamir?
A moi, seul dès long-tems, Zélie est destinée.
Demain je reviendrai pour ce grand hyménée ;
Et malheur au rival que j'aurais à punir !

I

Il est parti.

ALAMIR.

Demain sera donc la journée
Où je n'aurai plus qu'à mourir.

ZELIE.

Calme-toi, mon ami ; notre mère est allée
Consulter sur notre destin
Cette vieille et savante fée,
Dont l'oracle est toujours certain.
Attendons son retour ; cet oracle infaillible
Rassurera ton âme trop sensible.

DUO.

ALAMIR.

Je n'en croirai que ton cœur
Sur le destin de ma vie.

ZÉLIE.

Ne doute pas de mon cœur.
Il est à toi pour la vie.

ALAMIR.

Est-il à moi ?

ZÉLIE.

Il est à toi,
Il est à toi pour la vie.

ALAMIR.

T'adorer fait mon bonheur.

ZÉLIE.

Te plaire est ma seule envie.

ALAMIR.

Phanor ne peut rien contre moi
Si tu penses toujours de même.

ZÉLIE.

Toujours t'aimer, voilà ma loi,
Mon plaisir et mon bien suprême.
Mais, hélas !

ALAMIR.

Quelle est ta frayeur ?

ZÉLIE.

Cet oracle...

ALAMIR.

Hé bien, mon amie ?

ZÉLIE.

Ah ! quand on aime, tout fait peur.

ALAMIR.

Je n'en croirai que ton cœur
Sur le destin de ma vie.

ZÉLIE.

Voici ta mère...

SCENE II.
ALAMIR, AZURINE, ZÉLIE.

ZÉLIE.

Ah ! nous brûlons d'apprendre
Quel est le sort qui nous attend.
Pardonnez, il sait tout ; je n'ai pu m'en défendre

AZURINE.

Je me doutais, ma chère enfant,
Que vous ne seriez pas discrète,
Mais rassurez-vous cependant :
Votre félicité parfaite
Ne dépend plus que d'un serment
Que vous ferez à votre mère.

ALAMIR.

Un serment ? Quel est-il ?

ZÉLIE.

Hélas ! il me semblait
Que mon cœur avait déjà fait
Tous les sermens que l'on peut faire.

AZURINE.

J'ai traversé la paisible forêt
Qu'habite la sage Birène.
Je m'attendais à voir, dans un autre secret,
Une

Une vieille magicienne,
Au front pâle et sévère, aux yeux étincelans,
Et dont le cœur endurci par le temps,
Serait peu touché de ma peine.
Que je connaissais mal celle que je cherchais!
Birène, en me voyant, auprès de moi s'em-
  presse,
Me promet son appui, ses conseils, ses bien-
  faits,
M'exhorte à soulager la douleur qui m'opresse
Je vois bientôt que rien ne doit m'intimider,
Et que de la triste vieillesse
Birène n'a voulu garder
Que la douceur et la sagesse.

ALAMIR.

Hé bien ?

AZURINE.

Je lui dis nos malheurs ;
Je lui peins vos amours, nos chagrins, ma
  tendresse.
Mon seul récit la touche, l'intéresse ;
En m'écoutant, ses yeux se mouillent de ses
  pleurs.
Tremblez, m'a-t-elle dit ; je connais la puis-
  sance

6

De ce cruel Phanor qui cause vos douleurs.
　　L'ingrat tient de moi sa science ;
C'est moi qui lui montrai cet art si dangereux
　　De commander à la nature entière ,
Et le barbare emploie au malheur de la terre
L'art que je lui donnai pour faire des heureux.
Cela seul me rendrait sa secrète ennemie.
　— Dès ce moment je protège Zélie ,
Et je satisferai votre cœur et le mien
En trouvant à la foi la douceur infinie
De punir un ingrat et de faire du bien.

AIR.

Alors sa voix par les ans affaiblie ,
　　M'explique le sombre avenir ;
　　De pleurs sa vue est obscurcie ,
　　Votre destin la fait frémir ;
　　Elle gémit , elle s'écrie :
　「 Que je te plains , jeune Alamir !
　「 Un seul moment peut te ravir
　「 Celle qui règne sur ton âme.
　「 Allez , hâtez-vous de l'unir
　「 A l'unique objet qui l'enflamme.
「 Mais qu'Alamir redoute son bonheur :
　「 Un seul baiser pris à Zélie
　「 Peut changer en jour de douleur

« Le jour le plus beau de sa vie. »

ALAMIR ET ZÉLIE.

Un seul baiser !

AZURINE.

Un seul baiser pris à Zélie
Peut changer en jour de douleur
Le jour le plus beau de sa vie.

ALAMIR.

Quoi ! le jour de notre hyménée,
Un baiser nous perdrait tous deux ?

AZURINE.

Hélas ! l'oracle est rigoureux.
Je sais qu'un jour est une année,
Quand le soir on doit être heureux.

ALAMIR.

Mais vous n'ignorez pas, ma mère,
Que le sens d'un oracle est souvent un mys-
tère ;
On ne l'entend jamais bien clairement.

AZURINE.

Le vôtre est clair, mon fils : il dit expres-
sément
Que, le jour de votre hyménée,
Un baiser pris à l'objet de vos vœux,
Avant la fin de la journée,

Ferait le malheur de tous deux.

ZÉLIE.

Ne dit-il pas aussi, ma mère,
Qu'avant tout il faut nous unir ?

AZURINE.

Oui, votre hymen est nécessaire.
Mais puis-je compter qu'Alamir
Observera la loi sévère
Que le destin....

ALAMIR.

Recevez-en ma foi.

ZÉLIE.

D'ailleurs, maman, comptez sur moi,
Je vous réponds de tout.

ALAMIR.

Rien ne sera pénible,
Puisqu'il s'agit de mériter sa main.
Mais, ma mère, Phanor doit revenir demain:
S'il revenait ce soir, il serait impossible
De nous unir.

AZURINE.

Je le voudrais en vain.
Que nous conseilles-tu, Zélie ?

ZÉLIE.

Moi je n'ai point d'avis : vous saurez tout
prévoir.

Je crois pourtant, s'il faut que je vous le
  confie,
Que Phanor pourrait bien arriver dès ce soir

AZURINE.

Allons, mes enfans, je suis prête
A conclure un hymen, objet de vos souhaits.
  La noce sera sans apprêts,
  Sans fête....

ALAMIR.

    A-t-on besoin de fête
Quand on est au jour du bonheur ?

AZURINE.

Comme il vous plaît vous décidez mon cœur;
A votre volonté la mienne est enchaînée :
Je vais donc vous unir d'un lien éternel.
Nous n'avons ni flambeaux ni temple d'hy-
  ménée :
Mais, pour tenir la foi que l'amour a donnée
  On n'a pas besoin d'un autel.

TRIO.

AZURINE, *à Alamir.*

JUREZ-VOUS de l'aimer toujours ?
  (*à Zélie.*)
Et vous, d'être toujours fidelle ?

6.

ALAMIR.

Oui, je jure à l'objet de mes tendres amours,
   De vivre, de mourir pour elle,
   Et, jusqu'au dernier de mes jours,
   De l'aimer autant... qu'elle est belle.

ZÉLIE.

Oui, je jure à l'objet qui me tient sous ses lois
De brûler pour lui seul de l'ardeur la plus pure.
Hélas ! quand je le vis pour la première fois,
   Mon cœur promit tout ce qu'il jure.

AZURINE.

Je vous unis, soyez heureux.

ALAMIR et ZÉLIE.

A jamais nous sommes heureux.

AZURINE.

Que la chaîne qui vous engage
   Vous rende encor plus amoureux.
Un hymen sans amour n'est qu'un triste es-
clavage ;
   Avec l'amour, c'est le bonheur des dieux.

ALAMIR et ZÉLIE.

Que la chaîne qui nous engage
   Nous rende encor plus amoureux.
Un hymen sans amour n'est qu'un triste es-
clavage ;
   Avec l'amour c'est le bonheur des dieux.

SCENE III.
AZURINE, ALAMIR, ZÉLIE, UN
ESCLAVE.

L'ESCLAVE.

PHANOR arrive en ce moment.

AZURINE.

Phanor!

L'ESCLAVE.

Il est déjà dans votre appartement.

(*L'esclave sort.*)

SCENE IV.
ALAMIR, AZURINE, ZÉLIE.

ZÉLIE.

O CIEL! que ferons-nous, ma mère?

ALAMIR

Courez le recevoir, laissez-nous dans ces
lieux :

Etant seule avec lui, vous le tromperez mieux,
Et le jour finira j'espère.

AZURINE.

Si vous me promettez, mon fils....

ZELIE.

Non, non, ma mère, je vous suis ; —
C'est le plus sûr....

ALAMIR.

Que dites-vous, Zélie ?

ZÉLIE.

Je dis qu'un seul baiser peu nous coûter la vie

ALAMIR.

Et vous voulez me fuir ! vous voulez que
Phanor
De son coupable amour vous entretienne
encor....

ZÉLIE.

Quoi déjà de la jalousie !

ALAMIR, *vivement.*

Oui, vous êtes à moi, je ne vous quitte pas :
Je vous suivrai jusqu'au trépas.
(*Avec dépit.*)
Mon cœur n'a pas votre prudence extrême,
Je sais m'exposer sans effroi.

ZELIE.

Mais en risquant l'objet qu'on aime ,
On expose bien plus que soi.

ALAMIR.

Je ne m'attendais pas à tant de prévoyance.

ZÉLIE.

Et moi, je m'attendais à plus de confiance.

AZURINE.

Ah ! sans cesser de disputer,
Mes chers enfans, tâchez de finir la journée.

ZÉLIE.

Oh ! je vous le promets, vous pouvez nous
quitter.

AZURINE.

Songez qu'à votre sort tiendra ma destinée :
Et n'oubliez pas tous les deux
Qu'une mère est toujours la plus infortunée
Quand ses enfans sont malheureux.

(*Elle sort.*)

SCÈNE V.

ZÉLIE, ALAMIR.

(*Ils restent un moment en silence.*)

ALAMIR , *d'un ton doux.*

Vous êtes en courroux ?

ZÉLIE.

Oui.

ALAMIR.

Souffrez mon amie...

ZÉLIE.

Votre amie ! aujourd'hui, ce nom n'est pas
le mien.

ALAMIR.

Daignez m'écouter...

ZÉLIE.

Non, ne me dites plus rien,
L'oracle le défend ; et moi je vous en prie.

ALAMIR.

Zélie, on ne sait point aimer
Quand on n'a pas un peu de jalousie.

ZÉLIE.

Alamir, un jaloux ne sait pas estimer.

ALAMIR.

Comment ?

ZÉLIE.

Je n'ai rien dit.
(*Il se fait encore un silence*)

ALAMIR.

A peine l'hyménée
Nous rend époux, que nous voilà brouillés.

ZÉLIE.

Tant mieux; c'est le moyen de passer la journée
Sans manquer au serment.

ALAMIR.

Puisque vous le voulez,

Je conviens que j'ai tort ; mais vous seriez
   cruelle ,
Si vous me refusiez un pardon généreux :
N'avons-nous pas assez, dans ce jour dange-
   reux ,
De la loi qui nous cause une gêne mortelle ?
   Ah ! ce n'est qu'aux amans heureux
   Qu'il est permis d'être en querelle.

ZÉLIE.

Mais pourquoi douter de ma foi ?
Votre raison devrait...

ALAMIR.

         La raison ? mon amie ,
   J'ai bien du malheur avec toi ;
   Nous disputons toute la vie ,
Et jamais la raison ne décide pour moi.

ZÉLIE.

Ton air humble et ta modestie
Seront d'inutiles détours.
Crois-moi , restons brouillés.

ALAMIR , *prenant sa main.*

        Le pourrais-tu , Zélie ?

ZÉLIE , *avec effroi.*

Et l'oracle , Alamir !

ALAMIR , *s'éloignant précipitamment.*

Oh ! j'y pense toujours ,
Et sur-tout à présent que ma mère est sortie.
Voici l'instant de l'observer :
C'est sûrement pour m'éprouver,
Qu'aujourd'hui tu parais mille fois plus jolie
Mais je veux oublier que j'ai reçu ta foi ,
Je ne veux plus parler ni m'occuper de toi
Tu verras ma sagesse extrême

ZÉLIE.

Malgré tes projets , mon ami ,
Je crains dans un moment de te revoir de mên
Tiens, vas t'asseoir là-bas, je vais m'asseoir ici
Nous causerons bien mieux.
(*Elle place deux fauteuils aux deux extré
mités du théâtre.*)

ALAMIR , *s'asseyant.*

C'est pousser la prudenc
Assurément bien loin. Mais n'importe
voyons ;
Tu n'as qu'à décider ce dont nous parlerons
Je veux au même point pousser l'obéissance

ZÉLIE.

Oh!nouspouvons parler de ce que tu voudras
Pourvu que tu n'approches pas ;
C'es

C'est la seule loi que j'impose ,
Si tu m'en crois pourtant, jusqu'à la fin du jour
Nous ne parlerons pas d'amour.

ALAMIR.

Je le veux bien, soit, parlons d'autre chose.
(il se fait un long silence , pendant lequel
Alamir et Zélie se regardent et détournent
la tête en témoignant leur embarras)
J'écoute au moins.

ZÉLIE.

Moi , mon ami, j'attends.

ALAMIR.

Mais je ne sais parler que de mes sentimens,
Et tu ne le veux pas.   (Il se lève).

ZÉLIE , se levant aussi.

Je t'arrête bien vite.
Mon cher ami, laissons-là ce discours.
Il pourrait finir mal, nous pleurerions ensuite.
Tâchons d'oublier nos amours :
Il faut chercher à nous distraire.
Seule avec toi , je crains également
Et de parler et de me taire ;
Je vais chanter : tu m'as dit si souvent
Que c'était par ma voix que j'avais su te plaire
Écoute-moi.

(Elle le fait asseoir, et va s'asseoir à sa place.)

ALAMIR.

T'entendrai-je d'ici ?

ZÉLIE.

Oh ! n'approche pas, mon ami,
Où je vais retrouver ma mère.

AIR.

QUAND le papillon amoureux
De la timide sensitive,
Voltige, d'une aile craintive,
Autour de l'objet de ses vœux,
La fleur, sur sa tige tremblante,
Frémit et murmure tout bas :
Beau papillon, n'approche pas ;
Tu ferais mourir ton amante.

LE papillon va se poser
Loin de la pauvre sensitive.
Mais bientôt son ardeur plus vive
Le ramène ; il prend un baiser :
Aussitôt la fleur expirante
Se fane et perd tous ses appas.
Beau papillon, ne te plains pas ;
Toi seul fis mourir ton amante.

*(Pendant que Zélie chante, Alamir se lève
doucement au commencement de chaque
couplet, et se rassied au refrain.)*

ALAMIR.

J'entends bien la leçon ; mais je crois , mon
    amie ,
      Que nous avons fort mal interprété
L'oracle que ma mère a tantôt rapporté.
      « Un seul baiser pris à Zélie
      » Suffit pour faire leur malheur. »
J'explique mieux que toi , dans le fond de
    mon cœur ,
      Cet oracle que je déteste.
Un baiser pris à toi nous serait bien funeste ;
Mais si tu le donnais, il porterait bonheur.

              (Il s'approche.)

      ZELIE , *s'éloignant.*

Non , non , ce n'est pas là ce que nous dit
    Birène ;
      Moi je l'entends tout autrement.

      ALAMIR.

Je voudrais que du moins la fée eût pris la
    peine
      De s'expliquer plus clairement.

            (Il s'approche.)

      ZELIE , *à part.*

Moi je voudrais voir revenir ma mère.

ALAMIR, *toujours s'approchant.*

Que me dis-tu ?

ZELIE.

Je dis que tu n'observes guère
Ni mes ordres, ni ton serment.

ALAMIR, *se reculant brusquement.*

Qui l'eût pensé qu'un si doux hyménée
Me causerait tant de tourment ?
Je n'ai jamais trouvé si longue la journée.

(*Il se lève.*)

ZELIE.

Cependant je suis avec toi.

ALAMIR, *très-vivement.*

Non, ce n'est pas être avec moi.
Vous m'assignez loin de vous une place ;
Vous défendez jusqu'à la fin du jour
Que j'ose vous parler d'amour ;
Eh ! que veux-tu donc que je fasse ?
Cruelle, réponds-moi : l'amour est mon
bonheur,
Il est mon bien, il est ma vie ;
Je ne sais rien qu'aimer Zélie,
Je ne veux rien que posséder son cœur.
Me livrer tout entier à ma brûlante ivresse,
Ne respirer qu'amour, ne parler que ses feux,

Ne voir que toi, te voir sans cesse ;
Et toujours puiser dans tes yeux
Et mon bonheur et ma tendresse,
C'est le plus cher, c'est le seul de mes
vœux ;
Et tu voudrais me l'interdire....
Donne-moi plutôt le trépas.

(*Il se met à ses genoux.*)

ZÉLIE.

Mon ami, tu vois bien que tu n'es plus là-bas.

ALAMIR.

Laisse-moi t'adorer, partage mon délire.
Eh ! n'ai-je pas reçu ta foi ?
Tu m'appartiens, je suis à toi.
J'ai tant de plaisir à te dire.
Tu m'appartiens, je suis à toi !
Deux amans, ma chère Zélie,
Qui ne sauraient rien que cela,
Auraient assez de ces mots-là
Pour se parler toute la vie.

ZÉLIE.

Alamir....

ALAMIR.

Hé bien ?

ZÉLIE,

Quittons-nous.

ALAMIR.

Quoi ! tu voudrais ôter à mon âme éperdu
Le seul plaisir permis, le bonheur de ta vue
Eh ! que crains-tu ? je suis tremblant à t
  genoux.

ZÉLIE, *dans le dernier trouble, se penche
  sur Alamir ; leurs visages sont tout pr
  de se toucher.*

  Je crains ce langage si doux
  Qui se fait toujours trop entendre ;
  Ton air soumis, ta voix si tendre,
Tout avec toi m'inspire la frayeur.
Je n'ose respirer l'air que ta bouche enflamm
  Il porterait jusqu'à mon âme
  Tout le feu qui brûle ton cœur.

          ALAMIR, *transporté.*

  Ah ! ma Zélie....

(*Il l'embrasse : le tonnerre gronde, la nu
  couvre le théâtre, et Phanor paraît.*

SCÈNE VI.
ZÉLIE, ALAMIR, PHANOR
AZURINE.

PHANOR.

Elle n'est plus à toi.

QUATUOR.

ALAMIR.

O ciel ! Zélie...

PHANOR.

Elle n'est plus à toi.

ZÉLIE.

A lui seul j'ai donné ma foi.

PHANOR.

Pour jamais elle t'est ravie.

ALAMIR.

Non, non je ne la quitte pas.

ZÉLIE.

Je veux mourir entre ses bras.

PHANOR.

Téméraire, crains ma vengeance.

AZURINE.

Cédez, cédez à sa puissance.

PHANOR.

Téméraire, crains ma vengeance ;
Sans murmure subis ton sort,
Ou je vais punir par ta mort
Cette coupable résistance.
Dans l'univers tout m'est soumis ;
La terre tremble en ma présence,
L'enfer suit mes lois en silence ;

Imite-les, et m'obéis.

AZURINE.

Cédez, cédez à sa puissance.

ALAMIR.

Non, non, je ne la quitte pas.
Rien ne peut l'ôter de mes bras.

PHANOR, *saisissant Zélie.*

C'en est trop, mon courroux....

(*Birène paraît.*)

SCÈNE VIII.

ZÉLIE, ALAMIR, PHANOR,
AZURINE, BIRÈNE.

BIRÈNE.

Ton courroux ne peut rien,
Birène les défend contre ton injustice.

AZURINE.

Je respire.

ZÉLIE.

O bonheur !

PHANOR.

Mais Zélie est mon bien:
Votre oracle l'a dit, il faut qu'il s'accom-
plisse.

BIRÈNE.

L'oracle a prononcé qu'avant la fin du jour
Un seul baiser pris à Zélie
Pouvait la perdre sans retour.
J'ai prévu que la loi ne serait pas suivie ;
Et j'ai vîte accouru près de ces deux amans.
Invisible autour d'eux dans ces tendres
momens,
J'ai vu tous leurs efforts pour accomplir
l'oracle ;
J'avais pitié de leurs tourmens.
Pour les sauver il fallait un miracle,
Et je l'ai fait. Quand Alamir,
Brûlant d'amour et de désir,
Oubliait tout et devenait parjure,
Au même instant j'ai fait finir le jour.
Je pouvais renverser l'ordre de la nature,
Et je ne pouvais pas commander à l'amour.
L'oracle est acompli, tu n'as rien à prétendre.

AZURINE.

Souffrez qu'à vos genoux, la mère la plus
tendre....

PHANOR, *à Birène.*

Tu me braves, perfide, après m'avoir trahi :
Pour me venger de toi ma rage doit suffire.

Quel que soit le bonheur qui t'accompagne
   ici ,

     Tremble, tant que Phanor respire.

         (*Il sort.*)

SCÈNE VIII.

ALAMIR , ZÉLIE , AZURINE , BIRÈNE.

BIRÈNE.

Ne craignez rien de sa fureur ,
Je saurai la rendre inutile.
Pour éloigner de vous à jamais le malheur,
   Je vais enchanter cet asile.
     Reparaissez , astre du jour ;
Plus brillant et plus pur, éclairez ce bocage :
Je réunis ici les biens du premier âge,
L'innocence et la paix, la jeunesse et l'amour.
(*Le théâtre s'éclaire aussitôt, et représente
   un bocage enchanté où des bergers et des
   bergères forment des danses.*)

FINALE.

ALAMIR , ZELIE , AZURINE.

Vous avez sauvé deux amans,
Leur cœur est votre récompense,

Souffrez que leur reconnaissance
Eclate dans ces doux momens.

BIRÈNE.

C'est moi qui vous dois, mes enfans,
En couronnant votre constance,
Je crois retrouver mon printemps :
Faire du bien dans ses vieux ans ;
C'est prolonger son existence.

FIN.

BLANCHE ET VERMEILLE,

PASTORALE

EN DEUX ACTES ET EN VERS,

MÊLÉE DE MUSIQUE.

Représentée pour la première fois sur le
théâtre Italien, le 6 mars 1781.

———

A MADAME TRIAL.

DAIGNEZ recevoir mon hommage
Que je vous dois depuis long-temps :
Vous avez sauvé du naufrage
Le plus aimé de mes enfans.
Hélas ! nos brillans petits-maîtres
Chérissent peu les chalumeaux,
Les bois, les prés, les clairs ruisseaux,
Les amours et les mœurs champêtres.
Ils cherchaient le bruyant plaisir
Qu'il faut à leur âme inquiète ;
Et je n'avais qu'une houlette
Et des pipeaux à leur offrir.
Votre voix si douce et si tendre,
M'a soutenu dans ce danger ;
Celui qui venait pour juger
Ne vient plus que pour vous entendre.

Si mon ouvrage réussit.
Vous seule en avez le mérite :
C'est TRIAL que l'on applaudit,
Et l'heureuse BLANCHE en profite.

PERSONNAGES.

BLANCHE, bergère. — VERMEILLE, sa
sœur. — UNE FÉE. — COLIN, amant de
Blanche. — LUBIN, amant de Vermeille. —
BERGERS ET BERGÈRES.

La scène est, au premier acte, dans la
maison de Blanche ; au second, dans une
forêt qui en est tout près.

ACTE I.

Le théâtre représente l'intérieur d'une maison rustique. Vermeille, assise, file au
rouet sur le devant de la scène.

SCENE PREMIERE.
VERMEILLE, *seule.*
AIR.

QUEL bonheur
Pour mon cœur

De toujours aimer,
De toujours charmer
L'objet qui m'engage ;
Dans un bon ménage ;
De passer mes jours
Avec les amours ,
La douce gaîté
Et la liberté.

(*Lubin arrive , et écoute Vermeille sans
être aperçu d'elle.*)

SCÈNE II.

VERMEILLE , LUBIN.

VERMEILLE , *continue.*

Parler sans cesse
De ma tendresse
A l'unique objet de mes vœux ,
Lire dans ses yeux
La commune ivresse
Qui nous rend heureux.

(*Lubin chante à demi-voix avec Vermeille.*)

VERMEILLE ET LUBIN.

Quel bonheur
Pour mon cœur

De toujours aimer,
De toujours charmer
L'objet qui m'engage ;
Dans un bon ménage,
De passer mes jours
Avec les amours,
La douce gaîté
Et la liberté.

VERMEILLE.

Ah ! te voilà, Lubin ? Je pense au mariage
Qui doit bientôt m'unir à toi.

LUBIN.

Tu dis toujours BIENTÔT, ma Vermeille ;
    j'enrage ;
    Ne m'as-tu pas donné ta foi ?
Orpheline à vingt ans, maîtresse de toi-même,
    Pourquoi ne pas en profiter ?
    Quand une fille a dit, OUI : J'AIME,
Un oui de plus ne doit pas lui coûter.

VERMEILLE.

Je suis de ton avis ; mais l'ordre de ma mère
    Nous a prescrit de ne rien faire
Sans consulter la fée ; il faut suivre ses lois.
Tu sais que cette fée, aussi bonne que sage,
Daigna nous protéger dès notre premier âge ;

Elle nous a redit cent fois :

« Mes filles, mon bonheur ne dépend que
  du vôtre :

« J'accomplirai toujours votre moindre
  souhait ;

    « Et le prix de chaque bienfait,
« Sera l'engagement d'en recevoir un autre.»

LUBIN.

Hé bien voici l'instant de demander Lubin.

VERMEILLE.

Je compte bien aussi l'aller trouver demain.

LUBIN.

Pourquoi pas aujourd'hui? Sais-tu bien mon
  amie,

    Que nous perdons à réfléchir
    Au moins les trois quarts de la vie ?
On balance long-temps avant que de choisir:
Souvent on choisit mal : on se repent, on
  change,
On finit par trouver ce qu'il faut à son cœur:
On perd encor du temps ; et puis, quand on
  s'arrange
A peine reste-t-il quelques jours de bonheur.

VERMEILLE.

Je pense comme toi, mais sans être si vive;

Et je veux avant tout en parler à ma sœur.

LUBIN,

Il faut bien que Blanche nous suive
Pour demander aussi mon bon ami Colin.

VERMEILLE.

Hélas ! je crains, mon cher Lubin,
Que Blanche ne soit plus la même.
Depuis huit jours sur-tout, je la vois en secret
S'ajuster, se parer avec un soin extrême :
Elle gronde Colin, ne le voit qu'à regret...
De changer aurait-elle envie ?
Non, sans doute, et mon cœur à tort va
s'alarmer.
Quand on est une fois convenu de s'aimer,
C'est un accord fait pour la vie.

LUBIN.

Blanche est un peu coquette, et ce défaut
charmant
Fait que sans aimer son amant,
On le fait enrager : c'est un double avantage.
Je conviens que Colin est un peu soupçon-
neux.
Ils auront de la peine à faire bon ménage...
Mais adieu la voici ; parle-lui du voyage
Que nous devons faire tous deux.

Je vais m'y préparer, et je reviens te prendre.

(*Il sort.*)

SCÈNE III.
BLANCHE , VERMEILLE.

BLANCHE , *appelant Lubin.*

LUBIN , Lubin... Comment, il ne veut
pas m'entendre !
Il me boude , je crois.

VERMEILLE.

Cela se pourrait bien ;
Colin est son ami.

BLANCHE.

Ne vas-tu pas encore
Me parler de Colin , me dire qu'il m'adore ?
Tu ne peux me reprocher rien :
Je n'aurais changé de ma vie ,
Si j'avais pu guérir les soupçons de Colin.
Mais, tu le sais, ma sœur, l'extrême jalousie,
Qu'on suppose d'abord, nous offense à la fin.

VERMEILLE.

Et tu veux devenir légère
Pour prouver qu'on a tort de soupçonner ta
foi ?

BLANCHE.

Eh ! non, ma sœur.

VERMEILLE.

Blanche, sois plus sincère :
Crains-tu de rougir avec moi ?
Je suis ta sœur, et ma tendresse
T'excusera toujours en donnant son avis.
De quoi serviraient les amis,
S'ils ne pardonnaient la faiblesse ?

BLANCHE.

Hé bien, ma sœur, je vais te raconter
L'événement heureux dont je t'ai fait mystère ;
Je craignais tes conseils et ton humeur sévère ;
Pardonne, et daigne m'écouter.

ROMANCE.

L'AUTRE jour, au bord d'un ruisseau,
Je m'endormis sur l'herbe tendre ;
Mon chien veillait à mon troupeau,
Mon chien ne pouvait me défendre.

BIENTOT, aux accens les plus doux,
Je m'éveille toute surprise ;
Je vois un prince à mes genoux,
Qui me dit d'une voix soumise :

« Vous qui devez donner des lois
« Dans les palais comme au village,
Êtes-vous la nymphe des bois,
A qui tout chasseur doit hommage ?

« PARLEZ, daignez me rassurer :
« Si vous n'êtes qu'une bergère ,
« Sans cesser de vous adorer ,
« J'oserai prétendre à vous plaire. »
Ma sœur, c'était le souverain
Qui règne sur cette contrée.
Juge quel sera mon destin
Si de lui je suis adorée.

VERMEILLE.

Ma chère sœur , en vérité ,
A tout ce beau récit je ne puis rien com-
　prendre ;
　Explique-moi donc , par bonté ,
Quel est ce grand bonheur que tu sembles
　attendre.

BLANCHE.

Je te l'ai dit ; celui qui me parlait ainsi
　Est le prince qui règne ici.
Songe donc qu'il m'adore , et que je peux
　prétendre
A partager son trône en acceptant sa main.

VERMEILLE.

Toi, ma sœur ?

BLANCHE.

　Serait-il le premier souverain

Épris d'une simple bergère ?

Épouser ce qu'on aime, est-ce un effort si
   grand ?

     L'amour ne connaît point de rang :

     Le plus beau titre, c'est de plaire.

VERMEILLE.

Mais Colin....

BLANCHE.

     Je saurai le combler de bienfaits.

Malgré tous ses défauts, malgré sa jalousie,

Je l'aime, et je ferai le bonheur de sa vie

     En le rendant riche à jamais.

VERMEILLE.

Tu t'abuses, ma sœur; rien ne nous dédommage

De la perte d'un cœur qu'on a cru posséder.

     Pardon, si j'ose te gronder ;

     Mais tu devrais faire un voyage

     Chez cette fée aimable et sage

     Qui prit soin de nous élever

Bien mieux qu'il ne convient à de simples
   bergères.

Tu sais depuis long-temps que nous lui sommes chères,

Allons la voir.

BLANCHE.

Crois-tu qu'elle daigne approuver
Que je quitte les champs pour aller à la ville..?
Tu ne me réponds pas... Mais toi-même, à
    la fin,
Donne-moi ton avis.

VERMEILLE.

        Il serait inutile ;
Je pense là-dessus comme ferait Colin.

BLANCHE.

    Le voici ; je crains sa colère,
Laisse-moi l'éviter,

VERMEILLE.

        Non, ma sœur, au contraire,
Il faut parler. Je vous laisse tous deux :
    Blanche, quand on devient volage,
Il faut avoir du moins le pénible courage
D'en avertir l'objet que l'on rend malheureux.

SCÈNE IV.

BLANCHE, COLIN.

BLANCHE.

C'EST vous, Colin ! vous venez de bonne
    heure.

COLIN.

Je serais arrivé déjà depuis long-temps,
    Si les chemins de ma demeure
N'étaient embarrassés de chevaux et de gens
    Du prince qui vient à la chasse.

BLANCHE, *vivement*.

Il y revient encore ?

COLIN.

                Il y vient chaque jour.
Chaque forêt pourtant devrait avoir son tour;
Mais c'est toujours la nôtre. On ne voit plus
    de place
    Où le gazon puisse fleurir ;
Ils ont tout abymé : le tumulte effroyable
Et des chiens et des cors qu'on entend retentir
    Force les troupeaux de s'enfuir ;
    c'est un tapage épouvantable.
    Vraiment le prince est fort aimable,
Mais il fait bien du bruit quand il a du plaisir.

BLANCHE.

De quel côté la chasse viendra-t-elle ?

COLIN.

Ne voulez-vous pas y courir ?
Vous n'en manquez pas une ; et vous savez
    cruelle,

Combien vous me faites souffrir ?
Vous oubliez....

BLANCHE.

Vous oubliez vous-même
Qu'hier encore à mes genoux
Vous m'avez fait serment de n'être plus jaloux.

COLIN.

Oh ! je ne le suis plus ; mais ma prudence
extrême
Voudrait que vous fussiez toujours seule
avec moi.
Si l'on vous voit, il faudra qu'on vous aime :
Et vous trahirez votre foi.
J'en suis sûr...

BLANCHE.

Mais, Colin, vous mêlez un outrage
A des discours qui séduiraient mon cœur.
Je vous le dis avec douceur :
Cet esprit inquiet, soupçonneux et sauvage,
Ne peut faire que mon malheur ;
Il faut y renoncer.

COLIN.

J'entends trop ce langage,
Tout déplaît dans celui que l'on cesse d'aimer ;
Mes défauts n'étaient rien quand je sus vous
charmer. Souvenez-vous

Souvenez-vous combien vous étiez différente;
Mes plaisirs, mes chagrins, vous vouliez tout
  savoir :
    J'étais sûr en allant vous voir
De trouver près de vous l'amitié consolante.
   Vous aimiez tant à pénétrer
   Dans ma plus secrète pensée !
Et si j'étais jaloux , loin d'en être blessée,
   Le plaisir de me rassurer
L'emportait sur la peur de vous voir offensée.
   Mais aujourd'hui vous voulez me trahir :
Vous cherchez un prétexte, et votre âme légère
   Ne veut exciter ma colère
   Que pour avoir le droit de m'en punir.
  Epargnez-vous une peine cruelle ;
    Lorsque l'on peut être infidèle ,
    On doit le dire sans rougir.

BLANCHE.

  Hé bien, Colin, pourquoi tant de faiblesse?
Oubliez un objet trop peu digne de vous.
    En me délivrant d'un jaloux ,
    En cherchant une autre maîtresse ,
Votre sort et le mien n'en seront que plus doux.

COLIN.

Je suivrai vos conseils , et dès demain peut-
  être...

    8

BLANCHE.

Dès aujourd'hui, vous en êtes le maître.

DUO.

COLIN.

Adieu, perfide, pour jamais.

BLANCHE.

Adieu, Colin, bon voyage.

COLIN.

Adieu, perfide ; adieu, volage :
Oui, je vous quitte sans regret.

BLANCHE.

Mais partez donc,

COLIN.

Oui, je m'en vais.

BLANCHE.

Mais partez donc.

COLIN.

C'est pour jamais :
Recevez mes adieux, cruelle.

(*Il s'en va et revient.*)

BLANCHE.

Que voulez-vous ?

COLIN.

Ce n'est pas moi
Qui romps une chaîne si belle.

BLANCHE.

Votre jalousie éternelle
Me force de trahir ma foi.

COLIN.

Amour, amour, ce n'est pas moi
Qui romps une chaîne si belle !

BLANCHE.

Mais partez donc.

COLIN.

Oui, je m'en vais.
Adieu perfide ; adieu volage.

BLANCHE.

Adieu, Colin, bon voyage.

COLIN.

Oui, je vous quitte pour jamais.

(*Il sort.*)

SCÈNE V.

BLANCHE, *seule.*

Bientot je vais le voir revenir sur ses pas
  Chercher le pardon... qu'il mérite.
Il s'éloigne pourtant. S'il ne revenait pas....
Je saurais l'en punir... Il s'éloigne plus vîte...
Il suffit. Pour me voir, le prince est dans
  ces lieux :

Dès aujourd'hui j'écouterai ses vœux.
Tu gémiras, Colin, de m'avoir offensée.
Il pourra m'en coûter ; je sens ...

SCÈNE VI.

BLANCHE, VERMEILLE, LA FÉE ;
LUBIN, *derrière tout le monde.*

VERMEILLE.

Voici la fée ;
Sa bonté nous prévient, ma sœur.

LA FÉE.

Oui, mes filles, j'ai su que votre jeune cœur
Aurait à m'avouer quelque tendre faiblesse;
Je me suis mise en route ; et malgré ma
    vieillesse,
Le désir de vous voir m'a rendu ma vigueur.

VERMEILLE.

Asseyez-vous : voici le fauteuil de ma mère ;
Nous croyons la revoir.

LA FÉE.

Elle m'était bien chère ;
Et je pleure encor son trépas.

(*Elle s'assied*)

Venez donc m'embrasser. Je vous trouve
    embellies ;

Tant mieux , j'aime à vous voir jolies :
L'amitié fait jouir des biens que l'on n'a pas.
Ne songez qu'à m'aimer; moi, par ma vigi-
    lance ,
Je saurai du malheur détourner les effets.
Nous aurons deux emplois : vous , la recon-
    naissance ;
    Et moi , le doux soin des bienfaits.

AIR.

    LE seul plaisir de mon âge ,
    C'est de rendre heureux mes enfans ;
    Leur bonheur me dédommage
    De la perte de mes beaux ans.
    Le temps à mon cœur n'ôte rien ,
    Je le sens à ma tendresse ;
    Je crois retrouver ma jeunesse
    Lorsque je peux faire du bien.

VERMEILLE.

A cet unique emploi vous sert votre puis-
    sance ;
    Aimez-nous toujours bien, pour toujours
    rajeunir.

LA FEE.

Mes filles, je n'ai pas cessé de vous chérir.
Lorsque j'élevai votre enfance ,

8.

Je vous donnai d'abord des vertus, de l'esprit,
  Présent plus cher que l'opulence,
Mais qui ne suffit pas ; car l'esprit sans pru-
  dence
Au-delà du vrai but trop souvent nous conduit.
Enfin, voici l'instant d'assurer pour la vie
Et l'état et le sort que votre cœur envie ;
Ne m'interrompez point, je viens vous en
  parler....
Je bavarde un peu trop, je le sens bien moi-
  même !
  Mais je suis vieille et je vous aime ;
Et voilà deux raisons pour beaucoup babiller.

BLANCHE.

Comptez sur le respect.....

VERMEILLE.

            Comptez sur la tendresse
Qui grave toujours là votre moindre leçon.

LA FÉE.

          (*Elle voit Lubin.*)

Nous sommes en famille.... Eh ! quel est ce
  garçon ?
Dis-moi.

VERMEILLE.

    Si vous savez tout ce qui m'intéresse,

Vous devez sûrement vous douter qu'il sera
Bientôt de la famille.

LUBIN, saluant la fée.

                 Et qu'il vous aimera,
Si vous le permettez, madame.

LA FÉE.

J'y consens de toute mon âme.
Ecoutes-moi : mon art n'est pas bien grand;
   Tu le vois, ma chère Vermeille,
   Mon âge en est un sûr garant :
Car, vous n'en doutez pas, quand une femme est vieille,
   Elle n'a pu faire autrement.
   J'aurai le pouvoir cependant
D'accomplir le souhait le plus cher à votre âme.
   Voyez quel désir vous enflâme :
Demandez, et soyez sûres de l'obtenir.
   Allons, c'est à vous de choisir ;
   Votre attente sera remplie :
   Mais prenez garde à ce souhait ;
   Les biens ou les maux de la vie
Viennent presque toujours du mauvais choix qu'on fait.

LUBIN, *bas à Vermeille.*

Que vas-tu demander ? mon cœur est dans la
peine.

VERMEILLE.

Va, je ne suis pas incertaine.

QUATUOR.

VERMEILLE.

Le bonheur que Vermeille envie,
C'est d'être épouse de Lubin,
D'avoir une maison jolie,
Un troupeau, des prés, un jardin.

VERMEILLE ET LUBIN.

Nous y passerons notre vie
A nous aimer, à vous bénir ;
Voilà le bonheur que j'envie,
Voilà notre unique desir.

LA FÉE.

Ma fille, je suis attendrie ;
De bon cœur j'exauce tes vœux :
Dès ce soir vous serez heureux.

VERMEILLE ET LUBIN.

Dès ce soir nous serons heureux,
Et nous le serons pour la vie :
Dès ce soir nous serons heureux.

LA FÉE.

Blanche, c'est à toi de m'instruire
De ce qu'il faut pour ton bonheur.

BLANCHE.

Hélas ! je n'ose pas vous dire
Le desir qu'a formé mon cœur.

LA FÉE.

Il faut pourtant bien m'en instruire.

BLANCHE.

Vous connaissez le souverain
Qui règne sur cette contrée.

LA FÉE.

Hé bien ?

BLANCHE.

        J'en suis adorée ;
Je désire obtenir sa main

LA FÉE.

Tu veux régner, pauvre insensée !

BLANCHE.

Remplissez le vœu de mon cœur.

LA FÉE.

Je lis trop bien dans ta pensée
Et j'ai pitié de ton erreur.

BLANCHE.

Daignez m'accorder mon bonheur,

Si vous lisez dans ma pensée,

LA FÉE.

Prends ce jour pour bien réfléchir
Au vain objet de ton désir.
Si tu veux, ce soir, être reine,
Tu verras tes vœux accomplis.

BLANCHE.

Je conçois mon bonheur à peine;
Dès ce soir je serai reine.

LA FÉE.

Si tu veux, tu seras reine.

VERMEILLE ET LUBIN.

Dès ce soir nous serons unis!

LA FÉE.

Dès ce soir, vous serez unis.

(*Ils s'en vont.*)

FIN DU PREMIER ACTE.

ACTE II.

Le théâtre représente une forêt. L'on a entendu pendant l'entr'acte le bruit de la chasse du prince.

SCÈNE PREMIÈRE.

BLANCHE, *seule*.

AIR.

Enfin je vais donc à la cour!
Des plaisirs la troupe charmante,
Doit habiter ce beau séjour :
J'y serai l'objet chaque jour
De la fête la plus brillante.
Je vais régner et mon âme contente
N'aura pas besoin de l'amour.
Hé quoi ! j'abandonne l'asile
Où je passai mes premiers ans !
Je vais quitter ce bois tranquille
Où le plus soumis des amans
Grava sur l'écorce fragile
Mon nom et mes premiers sermens !
Hélas !.... Mais je vais à la cour.
Des plaisirs la troupe charmante

Doit habiter ce beau séjour :
J'y serai l'objet chaque jour
De la fête la plus brillante.
Je vais régner ; et mon âme contente
N'aura pas besoin de l'amour.
Je n'ai point vu le prince, et la chasse est finie !
Il me cherche sans doute.

SCÈNE II.

BLANCHE, LA FÉE.

LA FÉE.

Hé bien , ma chère amie,
As-tu fait tes adieux ? Partons-nous pour la
cour ?

BLANCHE.

Quand vous voudrez. Mais avant tout,
　ma mère ,
Je crois qu'il serait nécessaire
De connaître un peu ce séjour.

LA FÉE.

Il est difficile peut-être
De le bien définir ; il change à tout moment.
Presque toujours c'est un pays charmant.
Tout le monde est heureux, ou cherche à le
　paraître.

On

On se déteste un peu, mais c'est si poliment !
On s'embrasse sans se connaître,
On se détruit l'un l'autre doucement.
Parens, belles, amis, tous n'ont qu'un sen-
timent.
C'est de se supplanter en secret près du maître.

BLANCHE.

Mais quand le prince enfin m'aura donné sa foi
Par le plus brillant hyménée,
Quelle sera ma destinée ?
Vous là savez.

LA FÉE.

Sans doute, écoute-moi

AIR.

Une jeune et belle princesse
Ne fait rien qu'avec dignité.
Le respect l'entoure sans cesse
Pour tenir bien loin la gaîté.
L'étiquette doit la conduire ;
Car sans elle point de grandeur :
Si la princesse veut sourire,
Il faut l'avis de la dame d'honneur.

BLANCHE.

Mais cependant...

LA FÉE.

Viens en juger toi-même.

9

Partons.

BLANCHE.

Quand je serai dans cette gêne extrême,
Si par hasard j'allais me repentir
D'avoir quitté...

LA FÉE.

Qui donc ?

BLANCHE.

Ma sœur et mon village.

LA FÉE.

Hé bien ?

BLANCHE.

Pourrai-je revenir ?

LA FÉE.

Non, la grandeur est un noble esclavage
Dont on ne peut jamais sortir.
Mais partons, il est temps... Qu'as-tu donc ?

BLANCHE.

Je regrette
Un amant qui voulait s'attacher à mon sort,
Mon départ va causer sa mort.

LA FÉE.

Qui ? Colin ?

BLANCHE.

Oui, c'est lui.

LA FÉE.

N'en sois pas inquiète,

Il est tout consolé.

BLANCHE.

Qui vous l'a dit ?

LA FÉE.

Colin.

Quand il a su que ce matin
Tu m'avais demandé de devenir princesse,
Il est venu me supplier soudain
D'éteindre par mon art sa trop vive tendresse.

BLANCHE.

Et vous l'avez...

LA FÉE.

Guéri

BLANCHE.

Ce n'était pas pressé.

LA FÉE.

Cela l'était beaucoup ; car tu conviens toi-
même
Qu'il aurait pu mourir de sa douleur extrême.
Heureusement, le péril est passé ;
Il va se marier à la jeune Lucette,
Qui depuis si long-temps a pour lui de l'amour.

BLANCHE.

Il va se marier ?

LA FÉE.

Oui, dans ce même jour
Sitôt que je t'aurai conduite à cette cour,
Je reviendrai pour être de la fête.

BLANCHE.

Je ne l'aurais pas cru. Quoi! dans si peu d'ins-
tans
Colin s'est consolé !

LA FÉE.

Pour l'oublier toi-même,
Il t'a fallu bien moins de temps.
D'ailleurs, c'est un effort suprême
De mon art, qui peut seul détruire tant
d'amour.
Sans moi, Colin, t'aimait jusqu'à son dernier
jour.
Mais, grâces à mes soins, il épouse Lucette.
Te voilà bien tranquille, et sur-tout satisfaite.
Partons, car il est tard.

BLANCHE.

Je ne veux plus partir
Vous seule avez causé mon infortune affreuse;
C'est par vos seuls bienfaits que je suis mal-
heureuse:
Laissez-moi, laissez-moi mourir.

LA FÉE.

Je n'ai jamais contrarié personne ;

Tu me chasses, je pars : tu me rappelleras :
Je reviendrai, car je suis bonne ;
Avant la fin du jour toi-même en conviendras.

(*Elle sort.*)

SCENE III.

BLANCHE, *seule.*

Colin ne m'aime plus.... Je sens que je
l'adore :
Mon malheur est au comble; et je l'ai mérité.
Dois-je quitter ces lieux ? dois-je chercher
encore
A regagner un cœur tant de fois rejeté ?
Faut-il m'exposer à l'outrage... ?

(*On entend dans le lointain une musique
champêtre.*)

Mais quels accens... Je vois venir
La noce de ma sœur avec tout le village ;
Cachons nous, à leurs yeux j'aurais trop à
rougir.

(*Elle se cache parmi les arbres.*)

SCÈNE IV.

LA FÉE, VERMEILLE, LUBIN, BERGERS ET BERGÈRES.

(*Ils entrent en chantant.*)

LES BERGERS.

CÉLÉBRONS le doux mariage
Qui va rendre heureux leur destin,
Vermeille épouse Lubin;
Ah! qu'ils vont faire bon ménage!
Vermeille épouse Lubin:
L'amour leur promet un bonheur sans fin.

LA FÉE.

Mes enfans, j'ai rempli vos vœux;
De l'hymen la chaîne vous lie:
Aimez-vous, aimez votre amie,
Nous serons tous les trois heureux.

LES BERGERS ET LES BERGERES.

Célébrons le doux mariage
Qui va rendre heureux leur destin,
Vermeille épouse Lubin;
Ah! qu'ils vont faire bon ménage!

VERMEILLE ET LUBIN, *à la fée.*

Nous pensions, dans un si beau jour,

Qu'amour seul se fait entendre ;

Mais votre amitié vive et tendre

Parle à notre cœur autant que l'amour.

LES BERGERS ET LES BERGERES.

Célébrons le doux mariage

Qui va rendre heureux leur destin ;

Vermeille épouse Lubin ;

Ah ! qu'ils vont faire bon ménage !

Vermeille épouse Lubin ;

L'amour leur promet un bonheur sans fin.

LA FÉE.

Ma promesse n'est pas remplie,

Mes chers enfans : je viens de vous unir,

Mais je vous dois encore une ferme jolie.

Et la voici.

(Elle frappe de sa baguette, et l'on voit

paraître une colline sur laquelle est une

ferme de l'aspect le plus riant.)

Vous pouvez en jouir.

Tout ce qu'il faut aux besoins de la vie

S'y trouve rassemblé. Le jardin est ici :

Voyez plus loin dans la prairie

Ce troupeau de moutons, il est à vous aussi.

Voilà des champs semés près de votre retraite.

Votre félicité commence dès ce jour :

Ce n'est pas moi qui dois l'achever, c'est
    l'amour,
        Et je n'en suis pas inquiète.
           (*Elle veut s'en aller.*)

VERMEILLE.

Vous nous quittez ?

      LA FÉE, *à voix basse.*

          Je vais chercher Colin.

Colin pleure toujours sa volage maîtresse ;
    Vous prendrez soin de son destin ;
    N'est-il pas vrai, son sort vous intéresse :
Il restera chez vous, vous serez son appui ;
    Et vous aurez soin devant lui
    De ne pas parler de tendresse.
            (*Elle sort.*)

SCÈNE V.

LUBIN, VERMEILLE, LES BERGERS.

LUBIN.

MAIS comment faire ? il nous verra.

VERMEILLE.

Ah ! nous ferons tout ce qu'elle voudra.
Mais, mon ami, quelle richesse extrême!
Regarde : des brebis, une ferme, des champs!

Et tout le village nous aime.

LUBIN.

Tout cela c'est ta dot.

VERMEILLE.

Ecoutez, mes enfans,
La bonne fée a dit que la ferme est garnie
De tout ce qu'il nous faut pour bien pas-
ser la vie.
Pour que tous nos vœux soient remplis,
Venez jouir de ses largesses :
On ne peut aimer les richesses
Que pour les partager avec ses bons amis.

LUBIN.

Elle a toujours raison, suivons tous ses avis
(*Ils montent tous la colline en chantant.*)

CHŒUR.

VERMEILLE ET LUBIN.

Venez, venez avec nous,
L'amitié vous appelle.

LES BERGERS.

Suivons, suivons deux époux,
Qui seront notre modèle.

VERMEILLE ET LUBIN.

L'amitié vous appelle,
Venez, venez avec nous.

LES BERGERS.

Le plaisir nous appelle,
Suivons un guide si doux.

VERMEILLE ET LUBIN.

Souvenez-vous que chaque année,
Ce même jour nous verra réunis

LES BERGERS.

Oui, Vermeille, et cette journée
era la fête du pays.

VERMEILLE ET LUBIN.

Venez, venez avec nous,
L'amitié vous appelle.

LES BERGERS.

Suivons, suivons deux époux
Qui seront notre modèle.

(*Ils entrent dans la ferme, Blanche,
cachée dans le bosquet, a vu monter la
montagne à toute la noce de sa sœur.
Elle revient sur le théâtre ; la fée paraît
dans le fond, tenant Colin par la main:
ils examinent et écoutent Blanche sans
être aperçus d'elle.*)

SCÈNE VI.

BLANCHE, LA FÉE, COLIN.

BLANCHE, *qui se croit seule.*

Je ne peux habiter plus long-temps cet asile;

Tout y semble aigrir ma douleur.

leurs plaisirs vrais et leur bonheur tranquille

Sont un reproche pour mon cœur.

Fuyons... Hé quoi ! l'heureux sort de ma

   sœur.

Rend-il ma peine plus affreuse ?

Hélas ! quand on est malheureuse

Tout parle de notre malheur.

Que devenir. Quel chemin dois-je suivre ?

Ah ! si la fée...

LA FÉE, *se montrant ; Colin reste derrière.*

    Hé bien, me voilà ; que veux-tu ?

BLANCHE.

Secourez-moi, j'ai tout perdu :

Colin ne m'aime plus, je n'y pourrai survivre.

LA FÉE.

C'est toi qui l'as quitté.

BLANCHE.

      Je le sais trop, hélas !

Et je l'aimais pourtant plus que ma vie.

Prenez pitié de Blanche, elle est assez punie ;

Et souffrez que du moins je m'attache à vos pas

   J'aurai soin de votre vieillesse ,

Je n'aimerai que vous ; mon respect, ma

   tendresse,

Seront mes seuls plaisirs jusques à mon trépas.

LA FÉE.

Quand on a du chagrin, comme on a le cœur
 tendre !
  Allons, viens, donne-moi le bras.
  (*Elles se mettent en marche.*).

COLIN.

Arrêtez, arrêtez.

BLANCHE.

   Ciel ! que viens-je d'entendre ?
 (*Elle se jette dans les bras de la fée.*

LA FÉE.

 Hé bien, Blanche, qui te retient ?
C'est ici le chemin qui mène à ma demeure...
Quoi ! tu m'aidais à marcher tout à l'heure,
 Et c'est mon bras qui te soutient !

COLIN.

 Vous qui m'éprisâtes mes larmes,
 Et vos sermens et mon amour
 Est-il bien vrai que dans ce jour
 Vous vouliez finir mes alarmes ?
 Un mot, un seul mot suffit :
Je veux tout oublier, tout, excepté vos
 charmes.
 Ce mot, vous l'avez déjà dit.

Répétez-le du moins.

BLANCHE.

Le malheur qui m'accable
Fut mérité par moi, je saurai le souffrir.
Laissez-moi, laissez-moi vous fuir.

COLIN.

Si c'est vous qui fûtes coupable,
Pourquoi voulez-vous me punir ?

LA FÉE.

Ecoute-moi, ma chère amie ;
Tu n'as point fait ce vœu que je dois accomplir ;
Demande ce qui peut rendre heureuse ta vie ;
Je te donne encore à choisir.

BLANCHE.

Je m'en garderai bien ; j'aime mieux ma souf-
france
Que de voir Colin me chérir,
Par l'effet de votre puissance.

COLIN, *à genoux.*

Colin n'aima jamais que toi,
Même pendant le tems ou mon âme inquiète.

BLANCHE.

Vous n'épousez donc pas Lucette ?

COLIN, *surpris.*

Lucette, ô ciel !

LA FÉE.

Colin, pardonne-moi,
J'imaginai cette imposture
Pour la punir de son manque de foi.

BLANCHE, *à Colin.*

Mon cœur m'en punissait.

LA FÉE.

Te voilà donc bien sûre
Que l'on fait toujours son malheur
En se laissant guider par la coquetterie.
Toi, tu vois qu'en amour l'extrême jalousie,
Même lorsque l'on plaît, peut éloigner un
    cœur.

FINALE.

LA FÉE.

Mes chers enfans je vais combler vos vœux,
Je vais finir toutes vos peines ;
Je vous unis, soyez heureux.

BLANCHE ET COLIN.

Pour jamais nous sommes heureux.

TOUS TROIS.

De l'hymen les douces chaînes
Feront le bonheur de tous deux.

BLANCHE

Suis-je toujours comme autrefois.

De ton cœur la seule maîtresse ?

COLIN.

Colin t'a gardé sa tendresse ;
Il ne la donne pas deux fois.

BLANCHE ET COLIN.

Soyons époux, soyons heureux,
Ce jour va finir nos peines ;
De l'hymen les douces chaînes
Rendent le bonheur à tous deux.

(Pendant ce temps la fée monte à la ferme, elle frappe à la porte et appelle tout le monde.)

SCÈNE VII.

BLANCHE, COLIN, VERMEILLE,
LUBIN, LA FÉE, TOUS LES
BERGERS.

LA FÉE.

Venez, venez recevoir votre sœur.

VERMEILLE.

Oui, c'est ma sœur.
Ah ! quel bonheur !

TOUS.

Courons, courons recevoir votre sœur.

(*Ils descendent, en courant, la colline.*)

VERMEILLE.

Embrasse-moi, ma bonne amie:

BLANCHE.

Suis-je de vous toujours chérie ?

VERMEILLE ET LUBIN.

Nous t'aimerons toute la vie.

Chantez, chantez le retour de ma sœur.

TOUS.

Chantons, chantons le retour de sa sœur.

LA FÉE, à *Blanche.*

Que ton cœur jamais n'oublie
Que ce n'est pas la grandeur
Qui rend heureuse la vie.

BLANCHE.

Non, non j'abjure mon erreur.

TOUS.

Non, non ce n'est pas la grandeur
Qui rend heureuse la vie ;
C'est l'amour qui fait le bonheur.

(*On danse.*)

FIN DU TOME SECOND.

www.ingramcontent.com/pod-product-compliance
Lightning Source LLC
Chambersburg PA
CBHW052350090426
42739CB00011B/2369